Margery (Gred)

Eine Geschichte aus dem alten Nürnberg

(Band 8)

Georg Ebers

(Übersetzerin: Clara Bell)

Writat

Diese Ausgabe erschien im Jahr 2024

ISBN: 9789359947846

Herausgegeben von
Writat
E-Mail: info@writat.com

Inhalt

KAPITEL XIV.

Unsere gute Hoffnung, schnellstmöglich in die weite Welt aufzubrechen und für unseren Geliebten und Bruder alles aufs Spiel zu setzen, bestand noch nicht. Wir brauchten gern Geduld; und wenn uns Mädchen das schwer vorkam, so war es für Kubbeling noch schlimmer ; Der Mann pflegte frei umherzuwandern, wohin er wollte, und während dieser Tage des Verweilens in der Waldhütte verlor er zuerst seinen fröhlichen Humor, und dann erkrankte er an einem Fieber. Zwei lange Wochen lang musste er es tun Er lag im Bett, er, der, wie er selbst sagte, bis zum heutigen Tag nie einer Heilung bedurft hatte, außer der, die ihm der Blutegel geben konnte, der seine Tiere mit Medikamenten versorgte. Mit großer Angst warteten wir auf die Nachricht von ihm; und zu diesem Zeitpunkt wussten wir auch nicht, was wir von den Herren halten sollten, die uns bisher so treue und treue Freunde gewesen waren, da Doktor Holzschuher kein Zeichen gab und Onkel Christian und Meister Pernhart bald nach der Beerdigung meines Großonkels angesetzt waren in einigen Geheimangelegenheiten des Stadtrates für Augsburg vorstellig. Dennoch konnten wir nichts anderes tun, als uns zu unterwerfen, denn wir wussten, dass jeder gute Bürger vor allem an das Wohl des Commonwealth denkt.

Sogar unsere nächsten Verwandten hatten unsere Sorgen beiseite gelegt, während es Tag und Nacht gleichermaßen auf unserer Seele lastete, und wir bereiteten uns auf eine lange Zeit der Not und des demütigen Jubels vor. Die Jungfrau, sei meine Zeugin, dass ich damals bereit und willens war, auf viele Dinge zu verzichten, auf die wir verzichten mussten; Wir fanden jedoch heraus, dass es einfacher war, Brot ohne Butter und ohne Fleisch zu essen, als auf bestimmte andere Dinge zu verzichten. Was meine Juwelen betraf, die Cousine Maud nicht verkaufen wollte, sondern sie einem Goldschmied verpfändete, so begehrte ich nicht danach. Nur ein Herz mit einem vollen großen Rubin, das ich jemals als erstes Liebeszeichen meines Hans getragen hatte , hätte ich tatsächlich gerne behalten, doch obwohl Meister Kaden einen hohen Preis für den Stein festgesetzt hatte, ließ ich ihn ihn trotzdem herausbrechen alles, was Cousine Maud und Ann sagen könnten, und behielt nur das Goldgehäuse. Ebenso schwer war es, die Diener hinauszuschicken und ihr Klagen taub zu machen. Die meisten Männer wären gern geblieben, um uns für einen geringeren Lohn zu dienen, als sie hörten, wie die Dinge standen, und alle liefen umher, als hätte der Hagel ihre Ernte verdorben; Nur die alte Susan hielt ihren Kopf höher als je zuvor, weil wir sie ausgewählt hatten, während der Jahre der Hungersnot unseren Anteil zu teilen. Ebenso freuten wir uns, dem alten Pferdehalter, der vor uns unserem Vater gedient hatte, zu versprechen, dass wir uns sein ganzes Leben lang um ihn kümmern würden; er flehte mich eifrig an, dass ich meinen eigenen ungarischen Zelter behalten würde, denn seiner Meinung nach war ein hochrangiges Mädchen ohne Sattel und Ross wie ein Vogel, der sich nicht auf seinen Flügeln erheben kann. Wir fanden jedoch diejenigen, die froh waren, das Pferd zu kaufen, und ich werde nie die Stunde vergessen, als ich zum letzten Mal den glatten Hals meines Bayard streichelte, das Geschenk meines verlorenen Liebhabers, und spürte, wie sein kluger kleiner Kopf sich an meinen lehnte eigen. Onkel Tucher kaufte ihn für seine Tochter Bertha, und es war ein Trost für mich, dass sie ein sanftes, gutherziges Dienstmädchen war, das ich wirklich liebte. Auch die gesamte Silberausrüstung, die wir geerbt hatten, war gegen Geld verpfändet, und wo sie lag , wusste ich nicht; Doch tatsächlich schmecken die Gaben Gottes aus einem silbernen Löffel besser als aus einem Blechlöffel. Cousine Maud, die keine halben Sachen machte, brachte viele Dinge von geringem Wert zum Pfandleiher; Dennoch betrübte uns das alles nur leicht, obwohl der Himmel dunkel über der Stadt hing, weil zu dieser Zeit andere Ereignisse eintraten, die uns mehr Freude bereiteten.

Sobald der Magister von unserem Vorsatz erfahren hatte, kam er mit dem richtigen guten Willen, um uns alles anzubieten, und erklärte seine Absicht, unsere einfache Lebensweise zu teilen, und das war nicht mehr, als wir erwartet hatten, obwohl wir standhaft waren hatte nur die Absicht, ihm so viel wegzunehmen, wie er leicht erübrigen konnte. Aber es war in der Tat eine freudige Überraschung, als eines wirklich trostlosen Tages Heinz Trardorf , Herdegens liebster Jugendgefährte, der sich lange vom Haus ferngehalten hatte, zu uns kam, um mit uns über Herdegens Anliegen zu sprechen. Er war nun seinem verstorbenen Vater als Meister seines Fachs gefolgt und war bereits so angesehen, dass der Rat seinen geschickten Händen vertraute, um eine neue große Orgel für die Kirche Saint-Laurentius zu bauen. Ich wusste allerdings ganz genau, dass Herdegen , als er in all seiner Tapferkeit aus Paris zurückgekehrt war, sich kaum um Trardorfs Kameradschaft gekümmert hatte; aber ich hatte oft in der Kirche bemerkt, dass seine Augen voller Liebe auf mir ruhten.

Und als ich ihm nun die Hand reichte und ihn fragte, was sein Wille sein würde, konnte er zunächst kaum sprechen, obwohl er ein vermögender Mann war, vor dem alle Menschen ihren Hut heben würden. Schließlich wagte er es, mir zu erzählen, dass er die Nachricht von der Summe gehört hatte, die Herdegen als Lösegeld verlangte , und dass er keine größere Freude haben könne, da er in seinem eigenen Haus wohnte und seine Gewinne ihn im Überfluss ernährten als das Geld, das er als Erbe hatte, zu bezahlen, um meinen Bruder freizukaufen.

Und während der gute Kerl sprach, standen ihm Tränen in den Augen, und auch meine waren kurz davor zu fließen; und obwohl Cousine Maud hier einbrach und, um zu verbergen, wie tief ihr Herz berührt war, fast barsch sagte, dass ohne Zweifel der Tag nicht mehr fern sei, an dem er eine Frau und eine Familie haben würde und die Tat, die er getan hatte, bereuen würde Er hatte sich von seinem Nachlass getrennt, um ihn vielleicht nie wieder zu sehen. Ich reichte ihm freiwillig und gern meine Hand und sagte zu ihm, dass mir sein Opfer von allen am liebsten sein würde und dass Herdegen mit Sicherheit einer der besten sein würde gleiche Meinung. Und ein Strahl wie Sonnenschein breitete sich über seinem Gesicht aus, und während er mir schweigend die Hand schüttelte, konnte ich sehen, dass er sich kaum zurückhalten konnte, noch mehr zu verraten. Danach erfuhr ich von seiner guten Mutter, dass ihm dieses Geldangebot große Schmerzen bereitet hatte, aber nur aus diesem Grund: dass er mich seit seiner Jugend geliebt hatte und seine edle Seele es ihm verbot, mir den Hof zu machen als er mir in Wahrheit einen so großen Dienst erwiesen hatte.

Dennoch und trotz dieser Lichtblicke muss ich mich immer an diese drei Wochen als eine völlig düstere und traurige Zeit erinnern.

Kubbelings ältester Sohn und sein mürrischer Gehilfe waren statt ihm selbst nach Venedig gereist. Sie durften nicht nach Ägypten segeln, und das ärgerte Uhlwurm zutiefst, denn er war sich sicher, dass er Ann, der er angehörte, dort weitaus besser als sein Herr oder als irgendein Mensch auf Erden gute Dienste leisten konnte Die Seele war mehr als jedem anderen von uns anvertraut.

Gegen Ende der dritten Woche ritten wir weiter, um wieder ein paar Tage in der Lodge zu verbringen, und dort trafen wir den jungen Kubbeling sein Fieber ist fast geheilt, und Eppeleins Zunge ist bereit, uns von seinen vielen Abenteuern zu erzählen, ohne viel zu fragen. Allerdings hatte er, abgesehen von seinen eigenen Missgeschicken, wenig zu sagen, was wir nicht bereits wussten.

Der sarazenische Pirat, der von Genua aus an Bord der Galeone gegangen war, die ihn und seinen Herrn nach Zypern brachte, hatte ihn von Herdegen und Sir Franz getrennt und ihn als Sklaven in Ägypten verkauft. Dort hatte er viele Schicksale erlebt, bis er schließlich eines Tages in Alexandria Akusch traf . Zu dieser Zeit befand sich der Vater meines treuen Knappen noch in gutem Zustand, und er kaufte sofort Eppelein , der damals Eigentum des Marktaufsehers war, damit der Kerl seinem Sohn bei der Suche nach Herdegen helfen konnte . Sie waren dieser Suche eifrig nachgegangen und hatten meinen Bruder und Sir Franz zusammen in der Waffenkammer des Sultanspalastes in der Festung gegenüber von Kairo entdeckt, wohin sie gekommen waren, nachdem sie beide zwei Jahre lang in großem Elend an den Rudern gearbeitet hatten. an Bord einer sarazenischen Galeere.

Aber dann hatte Herdegen in einem Turnier unter den jungen Mamelucken bewiesen, wie gut er mit dem Schwert umgehen konnte, und dadurch hatte er sich solche Gunst erworben, dass sie gerne verschiedene Briefe, die er an uns schrieb, in die Obhut von Herdegen übergaben der Konsul von Venedig. Während er keine Antwort hatte, hatte er es auf unseren mangelnden Fleiß zu Hause zurückgeführt, bis er schließlich von Akusch auf die richtige Spur gebracht wurde und klar gezeigt wurde, dass diese Briefe uns nie erreicht hatten, und zwar durch Ursulas Bosheit. Um diesen Angelegenheiten nachzugehen, hatte sich Akusch später erneut nach Alexandria begeben ; Dennoch hatte sein Vater zu diesem Zeitpunkt bereits schlimme Tage erlebt. Und siehe, am selben Abend nach ihrer Rückkehr, als sie an der venezianischen Fondaco vorbeikamen , wohin sie gegangen waren, um den Blutegel zu sehen, der den Konsul betreute – nachdem sie gehört hatten, dass er ein gebürtiger Deutscher war –, wussten sie es Von einem lauten Aufschrei in der Nähe erblickten sie einen verwundeten Mann, den sie sofort als Kunz erkannten.

Zuerst glaubten sie , dass ihre Augen sie täuschten; und dass es ausgerechnet diese beiden waren, die den Bruder ihres Herrn in seinem Blut liegend fanden, muss ich jemals für ein Wunder halten. Natürlich muss jeder Mann aus dem Westen, der im Land Ägypten nach einem anderen suchen möchte, zunächst hier im Fondaco nachfragen .

Ein paar Stunden später lag Kunz im Haus von Akuschs Mutter gut versorgt im Bett , und als sie nach Kairo zurückkehrten, um mit meinem ältesten Bruder über diese Angelegenheiten zu sprechen, wurde Eppelein Zeuge von Ursulas abscheulichem Verrat und der enormen Nachfrage der Sultan. Dann ließ mein Bruder mit Hilfe einiger, die ihm Gunst erwiesen, jenen Brief an Akusch übermitteln , dessen Eppelein von Pillenreuth hart beraubt worden war . Mehr als das musste der gute Kerl nicht sagen.

Als ich auf dem Heimweg durch den Wald darüber nachdachte, wer der weise und treue Freund sein könnte, dem wir unseren Fall und unsere Befürchtungen anvertrauen könnten, falls Kubbeling uns im Stich lassen sollte, fand ich wahrlich keine Antwort. Wenn tatsächlich Vetter Götz – dieser weise und standhafte Wandermann, reich an tausend Erfahrungen aus dem Leben der Fremden – wenn er bereit wäre, mit seinem Rotkäppchen und dem Gefährten seiner Jugend gemeinsame Sache zu machen! Doch ein schrecklicher Eid hielt ihn fern, und wo in der weiten Welt könnte man ihn finden?

Auch Ann hatte viel zu befürchten, und ich dankte den Heiligen dafür, dass ich mit Eppelein allein war , als er mir erzählte, dass sein lieber Herr sich schmerzlich verändert hatte, obwohl er ihn nur aus der Ferne gesehen hatte, konnte er mir kaum sagen, worin diese Veränderung bestand.

So ritten wir schweigend durch die Abenddämmerung nach Hause, und als wir die Lichter der Stadt erblickten, verschwanden plötzlich alle meine

Zweifel und umherschweifenden Ängste in der Verwunderung darüber, wer die erste Person sein sollte, die uns im Tor begegnen würde , insofern Cousin Maud uns jemals das unkluge Beispiel gegeben hatte, ein solches Treffen als Zeichen, Zeichen oder Vorahnung zu betrachten.

Kaum hatten wir das Tor hinter uns gelassen, da wurde eine Laterne hochgehoben, und wir sahen im schwachen Licht, das durch das Horn schimmerte, statt des roten, trägen Gesichtes des alten Hans Heimvogels das eines süßen und lieblichen Mädchens; aus dem Grund, dass er in Schrecken geraten war und sich eingebildet hatte, dass Mäuse über ihn herfielen, so dass seine schöne Enkelin Maria ihre Pflicht für ihn erfüllte. Und ich begrüßte sie sehr gnädig, denn Cousine Maud hielt es für ein gutes Zeichen, wenn ihr ein lächelndes Dienstmädchen als erstes begegnete, als sie durch die Stadttore kam.

Was Ann betrifft, so merkte sie kaum, dass es Maria war; und als ich, nachdem wir nach Hause gekommen waren, von diesem Zeichen der guten Verheißung sprach, fragte sie mich, wie ich in diesen schlimmen Tagen den Mut finden könnte, über solche Dinge nachzudenken; und sie seufzte und rief: „Oh, Margery, tatsächlich bin ich schwer im Herzen! Drei lange Jahre lang habe ich Geduld und den richtigen guten Willen gebraucht. Aber das Ende, so scheint es mir, liegt weiter als je zuvor, und der, der hätte helfen sollen.“ Wir sind behindert oder hat jemals einen Finger gerührt, und selbst die Heimkehr meines Herrn Kardinals wird aufgeschoben, obwohl alle Menschen wissen, dass Herdegen wie ein Mann in einer Löwengrube ist – und ich, mein Geist versinkt in mir. Und sogar Meine weise Großmutter kann mir keinen besseren Rat geben, als „geduldig zu warten“ und noch einmal zu „warten“ ...“

Woraufhin Susan, die uns unsere nassen Kapuzen abgenommen hatte, unterbrach: „Ja, Herrin Ann, und das war schon immer seit den Tagen Adams und Evas der beste aller Ratschläge. Denn das ganze Leben ist nur Warten.“ das Ende; und selbst wenn wir das letzte Sakrament genommen haben und unsere Augen vom Tod getrübt sind, dann müssen wir vor allem Geduld annehmen und darauf warten, dass wir es jenseits des Grabes finden werden. Hier unten! Bei meiner Seele wurde ich selbst grau und wartete Vergeblich für jemanden, der mir vor vielen Jahren diesen Ring geschenkt hat. Andere hatten mehr Glück; aber wenn der Priester uns geheiratet hätte, hätte das der Patience ein Ende gemacht? Ich glaube nicht ! Es hätte gut sein können oder es hätte sein können Wehe. Eine Frau mag jeden Tag im Monat zur Messe gehen. Aber ist das ein Ende der Geduld? Werden die Störche ihr ein Kind bringen oder nicht? Wird es ein Junge oder eine Magd sein? Und wenn das Kleine kommen sollte, Was wird aus dem wartenden Baby werden, nachdem die Frau ihre Perlen erzählt hat, bis ihre Finger wund sind? So ein Kind wie Junker Herdegen wird zum Entzücken jedes Auges und Herzens heranwachsen, und ob das der Geduld weniger bedarf, scheinen wir zu wissen voll gut! Und Herrin Waldstromer , draußen im Wald, eine Dame von strengem Zeug, sie konnte eine Geschichte erzählen; und ich sage, Herrin Ann, wenn die Antwort der alten Dame Pernhart in Ihr Herz eindringt, ruhe Gottes Segen darauf ! – Ich warte, wie Sie warten. Wir alle warten auf einen; Wenn er jemals mit der barmherzigen Hilfe der Heiligen nach Hause kommt, träumen Sie doch niemals davon, Herrin Ann, dass Patience außergerichtlich sein wird.

Und mit solch einem Trost hängte die alte Frau unsere Kleider zum Trocknen auf, während wir unsere Köpfe senkten und die Treppe hinaufgingen.

Oben im Gästezimmer hörten wir laute Stimmen, und als wir hineingingen, bot sich uns ein seltsamer Anblick. Onkel Christian und Doktor Holzschuher saßen Cousine Maud gegenüber, und sie lachte so herzlich, dass sie sich nicht beherrschen konnte, sondern die Arme hochwarf und sie dann auf die Knie fallen ließ, um alles in der Welt, wie sie es uns Kindern beigebracht hatte bei einer Partie „Flieg weg, kleine Vögel" mitzuspielen.

Als sie meine Anwesenheit bemerkte , vergaß sie mich zu begrüßen und rief mir fast atemlos zu:

„Ein Schluck Wein, Margery, und ein Stück Brot. Ich bin bereit zu spalten – ich werde vor Lachen sterben!"

Als ich dann das herzliche Lachen meines guten Paten Christian hörte und sah, dass Meister Holzschuher gerade erst aufgehört hatte, wollte ich ebenfalls lachen, und sogar Ann, obwohl sie jetzt noch so traurig gewesen war, stimmte mit ein. Das dauerte lange bis wir den Grund für diese ungewöhnliche Heiterkeit erfuhren; und dies war von solcher Art, dass es uns großen Trost und neue Sicherheit verschaffte, und wir mussten unsere guten Freunde um Verzeihung bitten, weil wir sie für mangelhaft an Fleiß gehalten hatten. Meister Holzschuher hatte tatsächlich die Zeit optimal genutzt, um jeden wohlhabenden Mann in Nürnberg, der unseren verstorbenen Vater gekannt hatte, und die Äbte der reichen Klöster und viele andere dazu zu bewegen, von ihrem Vermögen zu spenden, so gut sie konnten , um Herdegen von der Macht der Heiden zu befreien; und die anderen beiden hatten in Augsburg ebenfalls Wunder gewirkt.

Aber was Cousin Maud zur Freude bewegte, war, dass mein Onkel Christian erzählt hatte, dass er und Meister Pernhart , als sie den alten Tetzel, Ursulas Vater, in Augsburg fanden, vereinbart hatten, ihn einen Anteil an Herdegens Lösegeld zahlen zu lassen; und das Gesicht meines Paten strahlte jetzt wieder, voller Zufriedenheit in allen Zügen, als er uns erzählte, mit welchen Mitteln er den mürrischen alten Mann für die gute Sache gewonnen hatte.

Während die drei guten Herren gedacht hatten, dass alle großen Besitztümer von Jost Tetzel bald an seine Tochter fallen müssten und dass es eine gottgefällige Tat wäre, diese verräterische Königin zu bestrafen, hatten sie eine Verschwörung gegen ihren Vater geschmiedet; und allein aus diesem Grund war Onkel Christian, der die Fahrt im Winter kaum ertragen konnte, mit Meister Pernhart nach Augsburg aufgebrochen. Und dort hatte er ein seltenes Meisterwerk vollbracht, indem er Dame Ursulas verwerfliche Bosheit gegenüber ihrem Vater in so kräftigen Farben dargestellt hatte, dass Meister Pernhart fürchtete, er könnte einen weiteren Anfall bekommen. Und er hatte außerdem geschworen, die ganze Angelegenheit dem Kaiser vorzulegen , bei dem er, wie alle wussten, große Privilegien genoss, da er sozusagen sein Gastgeber gewesen war, als Seine Majestät seinen Hof in Nürnberg hielt. Natürlich war Ursula jetzt kein Untertan Seiner gnädigen Majestät; doch würde er, Christian Pfinzing , keine Ruhe finden, bis der Kaiser ihren Vater, Jost Tetzel, gezwungen hätte, ihr, die einen Italiener geheiratet hatte, die Besitztümer abzuschneiden, auf die sie von einer deutschen Stadt rechnete.

Daraufhin hatte Pernhart mit ruhigen, aber gewichtigen Worten gedroht, dass sein Bruder, der Kardinal, den größten Zorn des Papstes an dem alten Mann und seiner Tochter auslassen würde, es sei denn, er sei bereit und willens, die verfluchte Sünde seines Kindes wieder gutzumachen und zu sühnen , wobei ein christlicher Mann in die Hände der gottlosen Heiden gefallen war. Und als sie endlich die Herzenshärte und die halsstarrige Bosheit des mürrischen alten Mannes besiegt hatten, trieben sie ihn zu einem seltsamen Handel. Der alte Tetzel war fest entschlossen, so wenig wie möglich vom Erbe seiner Tochter abzugeben, während seine Peiniger ihre Forderungen erhöhten und hundert Gulden und hundert Gulden mehr forderten, bis zu vielen Hunderten, die Tetzel abgeben musste; bis er schließlich seine unterschriebene und versiegelte Bürgschaft gab, auf den gesamten Besitz seiner Tochter zu verzichten, zweitausend Gulden seines eigenen Geldes hinzuzufügen und die Summe als Lösegeld für Herdegen bereitzuhalten .

So waren mit einem Schlag alle unsere Ängste vor dem Geld ein Ende; und als der Notar uns die Pergamentrolle zeigte, auf der jeder die Summe notiert hatte, die er geben wollte, waren wir sprachlos; und wenn wir alles zusammenrechneten, war die Summe weitaus größer als das, was uns so viele schlaflose Nächte gekostet hatte.

Zu diesem Zeitpunkt konnten wir vor Tränen kaum noch lesen, und unsere Seele war so von Dankbarkeit erfüllt, als wir die großen Summen markierten, die den Namen der Adelsfamilien und der Klosterschatzmeister gegenüberstanden, dass wir noch nie eine so große Liebe für unsere Familie empfunden hatten gute Stadt und die lieben, treuen Freunde, die darin wohnten. Nein, und viele einfache Leute hatten versprochen, einen Teil ihres bescheidenen Betrags zu bezahlen; und obwohl meine Seele überströmte vor dankbarer Freude über die großen Summen, die unsere Verwandten und Verwandten spendeten, freute ich mich nicht weniger über die fünf Pfund Penner, die mir ein Fronarbeiter versprochen hatte, den wir vor einigen Jahren gespendet hatten, als er krank und krank war Schulden.

Und dann gab es herzliche Umarmungen und Küsse, und die Männer, wie es sich nach einer so gut vollbrachten Tat gehörte, sehnten sich nach dem Trinken. Cousine Maud beeilte sich mit allem Eifer, den so lieben Freunden und Gästen die Ehre zu erweisen; Aber als sie die Tür erreichte, blieb sie wie im Zweifel stehen und machte mir ein Zeichen, sodass ich merkte, dass etwas schief gelaufen war. Und das war in der Tat so, denn unsere Silbergefäße waren bis auf den kleinsten Becher als Pfand an den Silberschmied gegangen, und Onkel Tucher , der Stadtrat , der meinen Zelter gekauft hatte, wollte auch gern unseren ganzen alten Wein haben , wovon viele schöne Reihen von Fässern und mit Pech verschlossenen Krügen in unseren Kellern lagen. Zum Glück hingen noch ein paar Schinken im Schornstein; und es gab Hühner und Eier in Hülle und Fülle; aber von allem anderen wenig genug, sogar von Butter. Als Cousine Maud dies alles mit einem recht beklagenswerten Gesicht darlegte , konnte ich meine Heiterkeit nicht unterdrücken, und ich versprach ihr, dass ich mich bemühen würde, unsere geliebten Gäste zufrieden zu stellen, wenn sie ein paar köstliche Gerichte aus der Küche heraufschicken könnte. Was den Wein angeht, das würde ich auf mich nehmen, und kein Kaiser muss sich unserer Venedig-Gläser schämen. Und hiermit schickte ich sie die Treppe hinunter; aber ich habe dann unseren Freunden offen gestanden, wie die Dinge standen; und als sie mich gehört hatten, bald herzhaft lachend, bald erstaunt und kopfschüttelnd, fragte ich Doktor Holzschuher als einen Mann des Rechts, wie ich mit dem Wein umgehen sollte, da er bereits einen Käufer gefunden hatte? Daraufhin kam es zu vielen scherzhaften Auseinandersetzungen und Diskussionen, und schließlich erklärte der gelehrte Notar und Doktor der Rechtswissenschaften, dass er es als seine Pflicht ansehe, als Berater des Rates und Verwalter der Schopper -Güter mit der gebotenen Vorsicht zu probieren und zu beweisen, ob die ... Der von Tucher versprochene und noch nicht zurückgezahlte Preis war für den Schnaps nicht allzu niedrig, da seine Kunden, die nur Frauen waren, keine Kenntnis von den guten Gaben des Bacchus hatten und deren Wert nicht kennen konnten. Von einer solchen Prüfung, die er abhielt, Abstand zu nehmen, wäre eine Pflichtverletzung, und obwohl er nicht allein auf seine eigenen Fähigkeiten vertraute, musste er sich an Meister Christian Pfinzing wenden , einen Mann mit großer Erfahrung und Meisterrat Pernhart , der als Bruder eines großen Prälaten zweifellos viel guten Alkohol getrunken hatte, begleitete ihn in angemessener Form in den Keller der Schoppers und markierte dort die Gefäße oder Krüge, aus denen der Wein für die Probe entnommen werden sollte . Um alle Anforderungen des Falles zu erfüllen, sollte außerdem ein Diener geschickt werden, um Meister Tucher als Käufer aufzufordern, bei der Zeremonie persönlich anwesend zu sein. Da es noch nicht einmal zwei Uhr Mitternacht war, würde man ihn ohne Zweifel in der Taverne der Herren finden; und man könnte dem Boten auferlegen, hinzuzufügen, dass, wenn Meister Tucher bereit wäre, jemanden mitzubringen, der sich in solchen Angelegenheiten auskennt, um ihm seinerseits Zeugnis abzulegen, so wäre ein solcher auf dem Schopperhof herzlich willkommen .

So saßen die drei würdigen Herren, Ann und ich, innerhalb einer Viertelstunde mit den Weinkrügen vor uns, nachdem sie sich das Beste aus unserem Weinkeller ausgesucht hatten; Und als das Fleisch, das Cousine Maud heraufgeschickt hatte, auf den Tisch gestellt wurde, mangelte es den guten Gaben Gottes nicht an ihrem Geschmack, obwohl es nur irdene Teller und Töpfe gab und kein Silber auf dem schneeweißen Tuch glänzte.

Und plötzlich kam Onkel Tucher herein und mit ihm als seinem erfahrenen Zeugen der alte Meister Löffelholz ; und als sie sich ebenfalls zu uns gesetzt hatten und wir den Magister aufgefordert hatten, sich zu uns zu gesellen, gab es ein so herzliches und freudiges Ausschenken und freundschaftliche Gespräche, dass Meister Tucher erklärte, dass der glückliche Geist unseres Vaters, des Sängers, noch immer in ihnen wohnte innerhalb unserer Mauern. Allerdings musste Ann an diesem Abend häufiger als schon lange zuvor ihre Pflicht als Wächterin meines Onkels erfüllen.

Im Verlauf dieses fröhlichen Abendessens wurden viele wichtige Angelegenheiten besprochen, und die Herren waren, wie es schien , weitaus beunruhigter als Cousin Maud oder ich, dass wir uns so hastig von verschiedenen Angelegenheiten getrennt hatten, die in einem Haus mit guter Familie nicht fehlen sollten , die aber, wie wir aus Erfahrung gelernt hatten, im Leben in keiner Weise notwendig waren. Und manch ein scherzhaftes Wort wurde über unsere armen Platten und Schüsseln und Blechlöffel und leeren Ställe gesprochen. Der Handel mit dem Wein wurde für nichtig erklärt, und meine Cousine nahm sich den Mut, den Herren in recht anständiger Sprache zu versichern, dass sie jetzt wieder glücklich sei, da sie wisse, dass das, was sie solch anbetungswürdigen und willkommenen Gästen dargeboten habe, das Richtige sei tatsächlich unser eigenes und nicht das eines anderen.

Als sie abreisten, war es näher am Hahnenschrei als an Mitternacht; und als ich am nächsten Morgen in das Zimmer ging, um auf die Straße hinauszuschauen, schien die Sonne hell am blauen Himmel. Ich erinnerte mich mit stillem Dank an all die gute Laune, die uns der Vorabend gebracht hatte, und an die Weisheit und Treue unserer guten Freunde. Manches weise und geistreiche Wort, das sie beim Wein geäußert hatten, fiel mir damals wieder ein; und ich fragte mich, welche neue Verschwörung sich zwischen meinem Patenonkel und Onkel Tucher zusammengebraut hatte , während ich sie gesehen hatte, wie sie ihre Köpfe zusammensteckten, als siehe, der Stallbursche von den Tuchers kam die Straße herunter und führte mein eigenes liebes Lorbeerpferd ; und als ich ihn näher betrachtete , bemerkte ich, dass seine Mähne und sein wallender Schweif mit feinen roten Bändern geflochten waren. Er stand still vor unserer Tür und als ich herunterflog, um das treue Tier zu begrüßen, gab mir der Junge einen Brief, in dem nichts außer diesen lateinischen Worten in großen Buchstaben geschrieben stand: „AMICITIA FIDEI“, das heißt: „Freundschaft zu.“ Treue."

So hatten Kneifen und Opfern ein jähes Ende; Und obwohl bald ein Schneesturm über uns hereinbrach, strahlte der Sonnenschein in meiner Brust immer noch so hell, als ob dort der Frühling in der Dezemberzeit angebrochen wäre und alle Sorgen und Ängste verschwunden wären.

Kapitel XV.

Es war Mittag. Meister Peter konnte wegen starker Kopfschmerzen nicht zu Tisch kommen, und Cousine Maud öffnete kaum die Lippen. Die plötzliche Wendung der Dinge hatte sie aus dem Gleichgewicht gebracht und ihr Gehirn so benommen, dass sie widersprüchlich antwortete und so viele Stücke Butter von der Bauernmagd bestellt hatte, als hätte sie Kuchen für ein ganzes Kloster voller Schwestern zu backen . Ebenso hielt sie eine seltsame Unruhe auf und ab , und diese begann auch über mich zu kommen, weil Ann nicht kam, obwohl sie am Morgen versprochen hatte, mittags wieder hier zu sein.

Ich wollte mich gerade auf die Suche nach ihr vorbereiten, als ich zunächst durch eine Nachricht aus dem Wald aufgehalten wurde, die mich aufforderte, spätestens am nächsten Morgen dorthin zurückzukehren, obwohl ich die Hütte kaum verlassen hatte; und als nächstes ein unerwarteter Gast, der tatsächlich schon lange aus den Augen verloren war. Es handelte sich um Lorenz Abenberger , den Sohn des Apothekers, der einst Herdegens Jugendgefährte gewesen war und der, nachdem er die anderen Pueri dazu verleitet hatte , nach Schätzen zu graben, von der Schule ausgeschlossen worden war. Seit jenen Tagen, als er ebenfalls Krippen für uns Jungfrauen anfertigte und uns oft mit seinen Zauberkünsten unterhielt, wussten wir nichts von ihm, außer dass er nach dem Tod seiner Eltern aufgehört hatte, den Apothekerberuf auszuüben hatte sich dem Studium der Alchemie verschrieben. Wenn die Leute die Wahrheit sagten , hatte er den Stein der Weisen bereits entdeckt oder war kurz davor, ihn zu entdecken; aber obwohl mir viele gelehrte Männer und unter ihnen der Magister versichert hatten, dass so etwas keineswegs über die Fähigkeiten eines Menschen hinausginge, Lorenz Abenberger hatte sein Ziel sicher nicht erreicht, denn als er in meiner Gegenwart erschien, wirkte er eher wie ein Bettler als wie ein mächtiger Weiser, auf dessen Geheiß Blei und Kupfer in Gold verwandelt werden.

Er hatte von der großen Summe gehört, die für Herdegens Lösegeld benötigt wurde, und versicherte mir nun die herzliche Freundschaft, die er seit jeher für seinen alten Schulkameraden hegte, und dass es in seiner Macht liege, die Mittel zu finden, ihn davon zu befreien Knechtschaft. Dann bemerkte er, dass ich mitleiderregend auf seine abgenutzte, dürftige und keineswegs saubere Kleidung blickte, aus der ein säuerlicher, drogenartiger Geruch kam, brach in ein übles Lachen aus und sagte, das scheine es freilich zu sein seltsam, dass eine so bettelarme Gestalt den Mut hatte, einen so großen Schatz zu versprechen; Dennoch stand er zu seinem Wort. So sicher , wie die Nacht auf den Tag folgt, könnte er das Ziel erreichen, für das er den gesamten Besitz seines Vaters und seiner Mutter, ja alles, was er auf der Welt hatte, aufgebraucht hatte, wenn er nur einmal drei Pfund reines Gold hätte, um alles zu tun, was er wollte. Wenn ich seinen Bitten nachgeben und mich dazu bewegen würde, ihm zu gewähren, was er brauchte, wäre er bereit, seinen Körper und seine Seele dem Tod und der Verdammnis zu opfern und den Bund mit dem Blut seines Herzens zu unterzeichnen, wenn er es nicht bis zum Ende des dreizehnten Tages getan hätte fand den roten Löwen und durch seine Hilfe „Aurum potabile" und das Allheilmittel gegen jedes Übel des Körpers und der Seele. Dies würde ihm ebenfalls die Macht verleihen, jedes Mineral, selbst das wertloseste, in reines Gold zu verwandeln, so leicht, wie ich mein Spinnrad oder sagen wir einen Paternoster drehen könnte.

All dies schüttete er mit rollenden Augen und keuchendem Atem aus, und dass er jedes Wort mit heiligem Ernst sprach, an dem niemand zweifeln konnte; und in der Tat hätte mich die inbrünstige, eifrige Sehnsucht, die aus jeder Faser seines Wesens an mein Mitgefühl und meine Barmherzigkeit appellierte , mich dazu bewegen können, ihm das zu schenken, wonach er sich sehnte, wenn ich solchen Reichtum besessen hätte; aber so wie es war, war ich gezwungen, nein zu sagen; Und während in diesem Moment Susan mit der Nachricht hereinkam, dass ein Mann von den Pernharts gekommen sei , und mich aufforderte, sofort zu Ann zu gehen, warf ich mir meinen Umhang über und gab ihm zu verstehen, wie es mit mir stand, und verabschiedete mich von allen Sanftheit und dennoch zielstrebig.

Das Blut stieg ihm in die blassen Wangen; Er kam dicht auf mich zu, biss die Zähne zusammen und sagte zornig, dass ich ihn und mit ihm meinen eigenen Bruder retten müsse und würde, wenn ich nur den Sinn und Zweck seiner Bitte klar verstehen würde. Und er begann mit einer Flut von Reden, um mir zu sagen, wie nahe er seinem Ende war, mit einer Reihe seltsamer, magischer Worte wie „das große Lehramt", „der rote Löwe", „die rote Tinktur" und dergleichen , bis es mir so vorkam , als würde mein Gehirn von dem sündigen Kauderwelsch benommen werden; Dennoch glaube ich bis heute, dass er sein Ziel in Wahrheit fast erreicht hatte; und er hätte es vielleicht am Ende geschafft, wenn er nicht kurze Zeit später durch den Dampf eines geplatzten Destillierkolbens erstickt wäre.

Aber woher sollte ich an jenem Tag die Mittel beschaffen, um ihm zu helfen?

Wieder und wieder versuchte ich, seinen feurigen Eifer zu zügeln, aber vergeblich, bis ich ihm klar und deutlich sagte, dass ich nicht über drei Pfund Messingfarthing und schon gar nicht über drei Pfund Gold verfügen könne und dass er woanders hingehen und es nicht länger behalten müsse ich zögere.

Und ich gab ihm meine Hand, um ihm Lebewohl zu sagen; doch er packte ihn mit beiden Händen und drückte und schüttelte meinen Arm, bis es schmerzte; Und da er außer sich vor Wut war, ermahnte er mich mit drohenden Worten und Gesten, nicht sein Lebenswerk und ihn selbst und diejenigen, die mir lieb waren, durch meinen niederträchtigen Geiz zu ruinieren. Als ich meine erste Angst überwunden hatte, befreite ich mich von dem elenden kleinen Mann und kehrte ihm den Rücken; aber er sprang vor mich, breitete seine Arme aus, um die Tür zu versperren, und schrie, schäumend vor Wut:

„Weg, weg, hinab in die Tiefe! Weg mit uns allen! Wehe dir, gemeiner, blinder Narr, der du bist! Wehe uns allen! Nimm diese Hand weg! Wahrlich, selbst wenn mein Mund geknebelt wäre, solltest du doch was hören." kommt über dich und deine ganze Rasse! Ich hätte es verhindern können, und ich hätte es verhindern können; aber jetzt wird es erfüllt. Oh, nicht umsonst waren wir jung zusammen! Ich habe dein Horoskop und diesen arroganten Schläger gelesen Dein Bruder ist schon lange her, und wenn ich es dir interpretiere, wenn das Blut nicht in deinen Adern gerinnt ... "

stieg das Blut der Schoppers in Wallung; Ich legte die Hände auf den verrückten Unhold, dessen Stärke kaum größer war als meine, aber er schlug und stampfte umher wie ein Verlierer und rief: „Deine Planeten stehen über den Häusern des Todes, der Gefangenschaft und der Verzweiflung. Die Erfüllung davon begann auf dem Heiligen Lazarus." „Tag , und an diesem Tag fällt es zuerst über dich; und so wird das Schicksal seinen Lauf nehmen, bis es am Vorabend des Heiligen Johannes ein Ende hat, damit ihr dann nichts mehr zu verlieren habt!"

Hier fand Abenbergers Toben ein jähes Ende. Sein Aufschrei hatte Cousine Maud heraufgeholt, und als sie die Tür hinter ihm öffnete und einen Mann sah, der mir im Weg stand, packte sie ihn von hinten, warf ihre Arme um ihn und zerrte ihn aus der Kammer. Währenddessen schrie sie laut: „Feuer!" und „Mord!" und wieder „Feuer!" Und alle Männer und Frauen rannten in großer Eile hinauf und trieben den Goldmacher schnell genug die Treppe hinunter.

Dennoch trauerte ich wirklich um ihn; Doch als ich vom Fenster aus auf ihn herabblickte, sah ich, dass er draußen auf der Straße Stellung bezogen hatte und mit der Faust nach mir drohte, bis ein Polizist es sah und ihn nach Hause schickte.

Dann muss ich zunächst Cousine Maud für diese unerfreuliche Szene trösten und zulassen, dass sie meine Handgelenke mit Wein und Balsamgeist einreibt, weil sie wie Feuer prickelten und von den Nägeln des unglücklichen Unholds zerkratzt wurden. Sie war außer sich vor Wut, und die böse Vorhersage des Meisters der schwarzen Künste und des Sternenguckens erfüllte sie mit grenzenlosem Schrecken. So war es jedoch mein Teil; die Jüngere, um ihr Mut zu machen, ungeachtet des schrecklichen Fluches, der auch mich verfolgte und mir noch in den Ohren klang, als ich schließlich, gefolgt von dem Diener, durch die dunklen Straßen ging, um Anns Befehl zu befolgen.

Mein Herz war schwerer als seit vielen Tagen; denn meine Ängste vermischten sich mit Mitleid mit dieser unglücklichen Seele, die so viel gelernt hatte. Ich hatte gelernt, neben meinem eigenen noch andere Leiden und Freuden zu empfinden, und ich konnte mir die Verzweiflung, die in dieser Stunde die Seele dieses armen Kerls quälen musste, gut vorstellen. Ich war froh bei dem Gedanken, dass der Diener glauben könnte, ich hätte mir mein Kopftuch an die Augen gehalten, nur um den wirbelnden Schnee wegzuwischen. Gleichzeitig dachte ich, dass mit Sicherheit ein neues und schreckliches Leid über uns schwebte, ja, noch nie hatte ich so deutlich wie damals, nach Abenbergers heftigem Angriff, gespürt, wie allein und schutzlos ich auf der Welt stand. Und warum war Ann nicht zu mir gekommen? Aus welchem Grund oder Grund hatte sie zu so später Stunde nach mir geschickt?

Haus der Pernharts aufblickte ; sah, dass die Fenster im ersten Stock, die vor einigen Tagen für meinen Herrn Kardinal als Gästezimmer hergerichtet worden waren , erleuchtet waren, also muss er nach Hause gekommen sein und nun wieder dort übernachten.

Aber Ann wusste genau, wie sehr ich den ehrwürdigen und berühmten Onkel ehrte, und wenn er ihr die frohe Botschaft überbracht hätte , hätte sie mir bestimmt sofort eine Nachricht geschickt oder wäre selbst zu mir gekommen.

Was war denn nun los? In welcher Form war das Unglück über uns gekommen, das Abenberger in den Sternen gelesen hatte?

Mit schwachem Herzen drückte ich den Türklopfer und konnte kaum atmen, als ich dreimal klopfen musste oder die Tür jemals geöffnet wurde.

Wie schnell flog meine Ann zu mir, als sie mein Klopfen hörte! Hatte sie dann Angst, mir mit der Trauerbotschaft zu begegnen, die mein Herr Kardinal vielleicht durch seine dortigen Kapläne aus Kairo erhalten hatte? Wir hatten das Lösegeld sicher bereit; doch wäre Ursula nach ihrer verräterischen Tat fast gezwungen, Herdegen bis zu seinem Tod zu verfolgen; Wonach könnte sie suchen, wenn er jemals wieder nach Hause käme? Was auch immer kommen mag, und wenn es das Schlimmste wäre, muss ich mich sofort auf den Weg machen, auch wenn ich keine Kameraden außer Cousine Maud und Eppelein finden würde . Und zu diesem Zweck war ich gekommen, als endlich die Tür geöffnet wurde.

Unter der Treppe regte sich nichts . Ich warf hastig meinen nassen Mantel zu Mario, dem Taubstummen, der mich hereingelassen hatte, und rannte die Treppe hinauf . Kaum hatte ich den zweiten Stock erreicht, als Ann mich gut gelaunt und gut gelaunt empfing; Und als ich in der Außenkammer anfing, sie anzuflehen, nicht weniger standhaft zu sein als ich, um nach Osten aufzubrechen, nickte sie zustimmend und zeigte uns den Weg in die

Innenkammer, wo wir uns wohler fühlen könnten. Ich war erstaunt, sie so gutherzig zu sehen, und umso mehr, als sie mir erzählte, dass mein Herr Kardinal an diesem Morgen nach Hause gekommen sei.

befand sich , sagte sie mir hastig, ein edler italienischer Ritter, der unsere Bilder sehen wollte; Also gingen wir in das Gästezimmer, das ganz erleuchtet war, als wenn Gesellschaft geboten wurde. Nein, es wirkte so festlich , dass es mich fast verblüffte, und ich erkannte sofort, dass mein Porträt, das erst vor ein paar Tagen neben Anns Porträt für meinen Herrn Kardinal an der Wand gehangen hatte, jetzt auf zwei Bildern hing Stühlen und lehnte sich an die hohen Rückenlehnen.

Dies alles und noch mehr erkannte ich mit ein paar hastigen Blicken, und als ich fragte, wo dieser Fremde aus Italien sein könnte, wurde mir gesagt, dass er mit Meister Pernhart in das Zimmer gegangen sei, das für Seine Eminenz mit den prächtigen Stoffen aus Rom ausgestattet worden war und Florenz, das er seiner alten Mutter geschenkt hatte. Die schönsten davon waren bestimmte Vorhänge aus feinem Stoff und in vielen Farben, die über der breiten Öffnung zwischen dem großen Gästezimmer und dem daneben liegenden Zimmer hingen. Und der Italiener muss diese ebenfalls gesehen haben, da sie herabhingen, während sie normalerweise zur Seite gezogen wurden. Hinter ihnen war alles dunkel; So müssen sich der Meister und seine Frau mit ihrem seltsamen Gast in das Zimmer im hinteren Teil des Hauses zurückgezogen haben, wo der Kardinal gern gearbeitet hatte und in dem es verschiedene Kunstwerke und ausgewählte griechische Manuskripte zu sehen gab er hatte es mitgebracht, um es den gelehrten Ärzten in seiner Heimatstadt zu zeigen; als selten und kostbar.

Außer der alten Großmutter war niemand hier , und ihr Gesicht strahlte vor Freude, als sie mir von ihrem Sessel aus freudig und herzlich die Hände entgegenstreckte. Sie war in ihrer tapfersten Kleidung gekleidet, und in ihrem Aussehen wirkte sie ebenfalls etwas feierlich und festlich.

Auch wenn es mir jederzeit wirklich am Herzen lag, mit den Jubelnden zu jubeln, so widersprach all dieser Mut zu diesem Zeitpunkt schmerzlich dem Kern meines aufgewühlten Herzens und seinen bösen Vorahnungen. Ich konnte mich nicht wohl fühlen, und mir kam es so vor , als ob all diese Pracht und gute Laune meinen unglücklichen und unterdrückten Geist verspotteten.

In Wahrheit konnte ich mich kaum dazu durchringen, den Gruß der alten Dame mit gebührender Freude zu erwidern; und ihre scharfen Augen erkannten sofort, wie es mir ging. Sie hielt mich an der Hand und fragte mich mit herzlicher Stimme, woher die Wolken kamen, die meine Stirn verdunkelten. Als ihre aufgeweckte, übermütige Margery, von der sie nie gedacht hatte, dass sie in einer düsteren Stimmung war, so aussah, war mit Sicherheit etwas Großes passiert.

Was dann über mich kam, weiß ich nicht. Ob die Schwärze und der Schrecken in meiner Brust einen zu großen Kontrast zu der Freude und Pracht um mich herum darstellten oder was es war, das mein Herz so fest umklammerte, kann ich bis heute nicht sagen; aber ich weiß ganz genau, dass alles, was mich bedrückt hatte, seit Abenberger mich denunziert hatte, gleichsam auf meine Seele niederprasselte, und dass ich in Tränen ausbrach und schrie: „Ja, liebe Großmutter, ich habe eine schreckliche, schreckliche Stunde durchgemacht!“ Ich musste dem Angriff eines Verrückten standhalten und einen schrecklichen Fluch von seinen Lippen hören. Aber das allein ist es nicht, nein, wahrlich und wahrlich! Ich kann übrigens jeden Menschen dazu bringen, seinen Platz zu erkennen, wenn er er wäre doppelt so viel Mann wie der kleine Abenberger ; und was Flüche angeht, habe ich von klein auf gelernt, auf den Ausspruch meines lieben Vaters zu achten: „Verfluche mich, wenn du willst!“ Was zählt, wenn ich Gottes Segen verdienen darf!“

„Und du hast es verdient, ehrlich verdient“, sagte sie und zog mich herunter, um mir einen Kuss auf die Stirn zu geben. Daraufhin hörte ich auf zu weinen und flehte mein Herz an, neuen Mut zu fassen, und fuhr fort, immer noch sehr bewegt: „Es ist nichts als die schamlose List einer Frau, die mich so sehr beunruhigt. Ursulas Hass hängt über meinen Brüdern wie eine schwarze Gewitterwolke und so weiter.“ Auf meinem Weg hierher schien mir völlig klar zu sein, dass das Lösegeld nicht das Ende der Sache ist. Ja, wenn wir doppelt so viel hätten, würde Herdegen doch niemals lebend nach Hause kommen, wenn wir Ursulas Pläne nicht durchkreuzen; hat sie denn nicht Grund, das zu fürchten? Schlimmstenfalls, wenn er jemals sicher nach Hause kommt? Aber wo ist der Gesandte, der so viel wagen würde? Kunz liegt verwundet in einem fremden Land, der junge Kubbeling wäre trotz seines Fiebers zweifellos bereit, die Meere zu überqueren, aber der gute Wille nicht Diene ihm, so wenig ist er in solchen Dingen bewandert. Unsere anderen Freunde sind überaltert oder gezwungen, in Nürnberg zu bleiben. So stehen die Dinge. Was bleibt uns dann übrig – Ann und mir, Großmutter? Ich frage dich – was , außer unserer ersten und einzig weisen Absicht zu folgen? Und das, was unsere Aufgabe ist und die wir nicht einen Tag länger aufschieben dürfen, als nötig ist, ist, unter der Gnade der Heiligen Jungfrau und uns selbst das Schiff zu besteigen denen, die uns am nächsten und teuersten sind, neuen Mut zu verleihen. In Wahrheit bin ich nur eine verwaiste Magd; mein Geliebter und mein Vormund sind beide tot; und doch fürchte ich mich nicht, in ein Land jenseits der Meere aufzubrechen; Wahre und treue Liebe ist der Leitstern, der uns leiten soll, und wir haben bei Ann gesehen, wie wahr die Aussage des Apostels ist, dass die Liebe alles besiegt . Jedes Geschöpf, das aufrecht auf starken Beinen steht, seelisch und körperlich gesund ist, zum Himmel aufblickt und mit freudiger Gewissheit auf Gottes Gnade vertraut, und sei es auch nur ein schwaches Mädchen, kann einen Mitmenschen retten.

Geschöpf in Not; und ich bin, Gott sei Dank, gesund und gesund. Nein, und ich verspreche sogar mein Wort, dass ich das subtilste Netz zerreißen werde, das Ursula möglicherweise spinnt, insbesondere wenn ich Anns scharfen Verstand habe, der mir dabei hilft. Also werde ich durch Frost und Schnee hinausgehen, um meine Brüder zu finden; und wenn seine Schmerzen Kubbeling trotz seiner Katzenfelle zu Hause halten und wenn Meister Ulsenius Eppelein verbieten sollte , so weit zu reiten, werden wir doch einen anderen finden, der unser treuer Knappe ist."

Und damit holte ich tief Luft; Und als ich mich leichteren Herzens umdrehte, um Ann aufzusuchen, damit sie ihr Einverständnis signalisierte, kam es mir plötzlich so vor, als würde sich der Boden des Zimmers unter meinen Füßen erheben, und ich wäre aus diesem Grund fast umgefallen Die schönen Vorhänge, die das Gemach des Kardinals vor meinen Augen verbargen, wurden auseinandergezogen, und ein großer Mann, von der Sonne braun gebräunt, kam hervor und sagte mit tiefer Stimme: „Willst du diesen Händen vertrauen, Margery? Sie sind bereit und willig." um dir treu zu dienen.

Daraufhin brach ein Freudenschrei aus mir heraus: „ Götz " und noch einmal „ Götz !"

Und obwohl es mir vorkam , als ob die Wände und Tische und Stühle um mich herumwirbelten und als ob die Decke, ja und der blaue Himmel darüber über mir gähnte, fiel ich doch nicht, sondern eilte diesem Neuankömmling entgegen. und ergriff seine freundliche, starke Hand.

Doch das war noch nicht alles; Oder wann immer ich richtig wusste, wie es geschah, hatte er mich in seine Arme geschlossen, und ich lehnte an seiner Brust, und seine warmen, bärtigen Lippen berührten zum ersten Mal die meinen.

Meister Pernhart und seine Frau waren mit meiner Cousine, Ann, der Großmutter und den älteren Kindern aus dem hinteren Zimmer gekommen und starrten uns an; Doch weder er noch ich schenkten ihnen Beachtung, und als jeder dem anderen in die Augen schaute, sah ich, dass sein Gesicht dasselbe war wie früher, wenn auch von dunklerem Braun und wohlgeformter und männlicher; Dann sang mein Herz in freudigem Triumph, und ich leistete keinen Widerstand, als er mich näher an sich drückte und mir ins Ohr flüsterte: „Aber Margery, wie kann ein Cousin, der kein alter Mann ist, als Knappe auf einen Jahrmarkt gehen?" junges Dienstmädchen und so weiter im Laufe eines Lebens, und andere Leute nicht zu großem und gerechtem Zorn erwecken?"

Dabei stieg mir das Blut ins Gesicht; und obwohl ich keineswegs an meiner Antwort zweifelte, verschonte er meine Schüchternheit und fuhr mit tiefem Gefühl fort: „Aber wenn er es als Ihr angetrauter Ehemann täte, welche

Tante oder welcher Klatsch würde es dann wagen, ihm und seiner verehrten Frau, Dame Margery, die Schuld zu geben?" Waldstromer ?"

Wobei ich voller Freude zu meinem neuen Liebhaber hochlächelte und ihm flüsternd antwortete: „Nicht einer, Götz , nicht einer."

So schwörte ich ihm noch am selben Abend meinen Treueschwur; und was die kostbaren Juwelen betrifft, die er am Rialto in Venedig gekauft hatte, um sie seinem lieben Rotkäppchen zu bringen, und die er mir nun als seine ersten Liebesbeweise schenkte, was waren sie für mich im Vergleich zu der freudigen Nachricht, die er mir überbrachte Könnten sich unsere Herzen freuen? So saßen wir nun bei den Pernharts , nachdem Cousin Maud und Onkel Christian Pfinzing , mein lieber Pate, eingeladen worden waren, sich uns anzuschließen. Götz saß da, den Arm um mich gelegt, und meine Hand ruhte in seiner.

Wie lange lagen Länder und Meere zwischen uns, wie schnell und plötzlich war sein Werben und meine Zustimmung gewesen! Und doch schien es mir , als hätte ich von Anfang an den Vorsatz der Vorsehung für mich erfüllt; und in meiner Brust und meinem Herzen sang und blühte es, als wären sie ein verzauberter Garten, in dem Springbrunnen sprangen und Rosen und Tulpen und goldene Äpfel und Weintrauben zwischen Kiefern und Efeukränzen blühten und reiften.

Dennoch verlor ich kein Wort von seiner Rede und hätte ihm zuhören können, bis der Morgen wieder anbrechen würde. Und während wir so saßen oder Arm in Arm im Zimmer auf und ab gingen, hörte ich vieles, aber nicht genug von Götz' abenteuerlichem Schicksal und von der glücklichen Wendung, die die Sorgen meiner Brüder mit seiner guten Hilfe genommen hatten. Und was wir nun aus seinem klaren und klaren Bericht erfuhren, der unsere vielen Fragen beantwortete, war, dass er nach der Trennung von seiner Heimat als Soldat der Republik Venedig gedient und unter dem Namen Silvestri große Taten vollbracht hatte heißt „aus dem Wald". Von all den großartigen Dingen, die er vor Saloniki und anderswo getan hatte, im Kampf gegen Sultan Mourad und die Osmanen, ja, und in vielen Kämpfen gegen andere Ungläubige, um dadurch die Gunst seines Generals, des großen Pietro Loredano , zu gewinnen – von all dem würde er erzählen uns ausführlich einen weiteren Tag. Vor nicht allzu langer Zeit war er zum Chef ernannt worden, an der Spitze der Streitkräfte an Bord der Flotte, die von der Republik nach Alexandria geschickt worden war, um mit dem Sultan über den König von Zypern zu verhandeln, der gefangen gehalten wurde. Mit ihm waren auf der größten Galeere ebenfalls mehrere große Herren der berühmtesten Familien Venedigs und ihr allerobersier Marino Cavallo, Prokurator von San Marco; insofern der Rat den König von Zypern mit Gold aus Venedig freikaufen wollte und zu diesem Zweck Angelo Michieli mit der

Gesandtschaft geschickt hatte, da er der Älteste eines der mächtigsten und wohlhabendsten Kaufmannshäuser im Osten war.

Mit all diesen pflegte Götz als Kriegsheld gute freundschaftliche Beziehungen, und als sie in Alexandria landeten, hatte Anselmo Giustiniani , der Konsul, ihnen allen ein schönes Quartier im Fondaco gegeben .

Hier hatte also meine neue Geliebte Ursula kennengelernt; Allerdings machte er sich ihr nicht zu erkennen, da er bereits einen bösen Bericht über die Geschäfte ihres Mannes als Konsul und über ihre Taten und Verhaltensweisen gehört hatte. Doch gab es einen Mann, der im Fondaco wohnte , dem er seinen wahren Namen gestand, und das war Hartmann Knorr, ein Sohn Nürnbergs und aus gutem Hause, der, nachdem er in Padua seinen Doktorgrad erworben hatte, den Posten eines Blutegels an der Universität übernommen hatte Konsul, bereitgestellt und bezahlt von der Republik. In dieser Kammer seines Landsmanns führten die beiden, die Schulkameraden gewesen waren, viele vertrauliche Gespräche, und da Meister Knorr schon seit langem wusste, dass Götz mit den Schoppers eng verwandt war , teilte er ihm dies sofort mit wurde in das Haus von Akuschs Eltern berufen, um Kunz zu pflegen und zu heilen, und hatte von ihm viele seltsame Neuigkeiten erfahren; Er beschuldigte Ursula der Schuld, die Briefe, die Herdegen und Sir Franz an ihre Verwandten in der Heimat geschrieben hatten, verheimlicht und zurückgehalten zu haben, dass sie die angeheuerten Schurken ihres Mannes auf sich selbst hetzte, um ihn zu ermorden, und schließlich, dass sie die Summe für seine Familie in böswilliger Absicht erhöht hatte Lösegeld des Bruders. Daraufhin beschloss der würdige Blutegel, mit der nächsten heimkehrenden Galeone nach Venedig zu segeln, um für seine Landsleute in Not zu tun, was er konnte; Allerdings könnte Götz ihre Befreiung aus Kummer und Sklaverei nun vielleicht auf andere Weise herbeiführen. Und während Meister Knorr ihm von anderen kriminellen Taten Giustinianis berichten konnte , hatte mein neuer Liebhaber sofort eine Anklageschrift an den Rat in Venedig verfasst, und Marino Cavallo hatte umgehend in seinen Rechten als Prokurator des Heiligen Markus den Konsul kommandiert und seine Frau sollten nach Venedig aufbrechen und sich vor dem Collegium der Pregadi präsentieren , das die Leitung der Konsuln jenseits der Meere hat.

Ebenfalls Götz hatte die Sache von Herdegen und Sir Franz in die Hand genommen, und da er großen Respekt genoss, war es nicht schwer, Meister Angelo Michieli dazu zu bewegen, für sie zu tun, was er konnte, und nahm Götz und Kunz als Bürgschaft an. Die venezianische Gesandtschaft reiste nach Kairo, und während Meister Michieli , der sich in solchen Angelegenheiten auskannte, das für König Janus geforderte Lösegeld auf die Summe von zweihunderttausend Dukaten herabsetzte und für den königlichen Gefangenen auszahlte, bewegte er ebenfalls die Die Sultane begnügten sich mit jeweils fünfzehntausend Dukaten für Herdegen und Sir Franz, und mein Bruder und seine Unglücksgenossen wurden freigelassen.

Während dieser ganzen Geschichte schlug mein Herz höher; Ich hoffte insgeheim, dass meine Brüder vielleicht mit Götz nach Hause gekommen waren und sich versteckt hatten, nur aus irgendeinem Grund, der ihnen verborgen blieb. Doch bald hörte ich, dass sie mit dem Gesicht nach Jerusalem aufgebrochen waren; damit sie bei ihrer Heimkehr dem Kaiser mit größerer Gewissheit sagen konnten, dass sie die Buße auf sich genommen hatten, endlich zu den heiligen Stätten zu gehen, wohin sie gehen sollten.

Als Götz diese großartige und tröstende Nachricht beendet hatte und ich ihn fragte, was ihn schließlich nach Hause geführt hatte, gestand er freimütig, dass die Rede meiner Brüder ihn so deutlich an das Haus seines Vaters, seine Eltern und alles, was es gab, erinnert hatte Liebling und dass er gegangen war, dass er es nicht länger ertragen konnte, sich jenseits der Meere aufzuhalten. Dann sah er mir in die Augen und flüsterte: „Die Bilder meiner kranken Mutter und meines grauhaarigen Vaters zogen mich am stärksten an; dennoch war es ein Drittes; ein liebes, süßes, kindliches Gesicht; genau dasselbe, das jetzt so in meins schaut." freudig und liebevoll. Ja, es ist genau das Gesicht, das ich zu finden gehofft hatte; und als ich vor einiger Zeit Ihr Ebenbild in der roten Kapuze sah und Ihre Rede hörte, als Sie Großmutter Pernhart Ihre innerste Seele ausschütteten , wusste ich, dass es so ist eigene Meinung."

Wie lieb der Neuankömmling in Wahrheit allen im Pernhart -Haushalt war, würde ich an diesem Abend bemerken. Die Augen der alten Großmutter ruhten auf ihm, als wäre er ein lieber Sohn, und Meister Pernhart kam hin und wieder zu ihm und streichelte seinen Arm. Nur zweimal wandte er sich hastig ab und wischte sich heimlich die Augen. Dennoch sah er unsere Liebe ohne Eifersucht; ja, als Götz sich kaum von meinem Bild lösen konnte, flüsterte Meister Pernhart ihm zu, dass, wenn jemals ein Dienstmädchen an die Stelle seiner Gertrude treten sollte, es Margery sein sollte, und die Großmutter hatte Amen gerufen.

Es war schon Mitternacht, als auf der Straße Pferdehufe zu hören waren, und als sie anhielten, stand Götz auf, und dann verschwanden alle anderen aus dem Zimmer. Doch ließen wir uns nicht lange an der Gemeinschaft des anderen erfreuen, denn er selbst hatte sein Pferd bestellt, damit es trotz der späten Stunde in den Wald reiten konnte. Sein Diener , selbst der Sohn eines Försters, war bereits dort gewesen, um Grubner , den Häuptling, zu bitten, meinen Onkel frühmorgens in seine Wohnung einzuladen, und der gute Sohn hatte vor, sich dort zu erfreuen, indem er seinen Vater und danach ihn traf hatte das Haus ungesehen in der Dunkelheit begrüßt.

Aber wie schwer war es, sich nach so kurzer Begegnung von diesem neu gefundenen und beliebtesten Liebhaber zu trennen und den müden Reisenden erneut in die dunkle Nacht hinausgehen zu sehen. Und wie wenig Worte hatten wir bisher im Geheimen gesprochen, wie wenig hatten wir darüber gesprochen, was morgen passieren würde und wie er sich seiner Mutter gegenüber verhalten sollte!

Auf meine demütige Bitte, er möge den unnatürlichen und sündigen Eid aufgeben, der ihm den Zutritt zum Haus seiner Eltern verbot, war er taub geworden. Doch wie liebevoll hatte er mir seine strenge Weigerung zu verstehen gegeben, die ich mit Recht verdiente, da ich die Bedeutung eines Eides genau kannte; und doch flehte ich ihn von ganzem Herzen an, sein Pferd wegzuschicken und mich nicht zu verabschieden, als kaum ein Willkommen gesprochen worden war. Morgen würde es mir eine Freude sein, mit ihm auszureiten, und mein Onkel würde sich über ein paar Stunden Verspätung nie ärgern.

All dies strömte sanft und warm genug über meine Lippen, und er hörte mir ruhig bis zum Ende zu; aber dann erklärte er mir feierlich, dass es, so süß er es auch finden mag, mich an seiner Seite zu haben, um ihm Gesellschaft zu leisten, vielleicht doch nicht sei; und er legte klar und vollständig dar, wie er die Angelegenheit gestern angeordnet hatte, und ich sah zu ihm auf wie zu einem General, der alles, was passieren könnte, vorhersieht und regiert, bis zum klügsten Ziel. Ein so standhaftes und klares Ziel, das ich noch nie erreicht hatte; Allerdings war Mutter Evas Rolle in mir unzufrieden. Es war zu viel für mich, dass er gehen musste, und wie der Narr, der ich war, überkam mich der Wunsch, mich diesem Mann aller Menschen zu beugen, dessen halsstarriger Wille immer so fest wie Eisen war.

Ich fing noch einmal an, ihn anzuflehen, und dieses Mal unterbrach er mich und erklärte, dass er, egal was ich wollte, gehen müsse, und damit zog er die Kapuze seines Umhangs über seinen Kopf, so dass sein wohlgefälliges, ehrliches braunes Gesicht Mit seinem Spitzbart, gleichsam in das grüne Tuch eingefasst, blickte er auf mich herab, das Abbild männlicher Schönheit und milder Ernsthaftigkeit.

Mein Herz schlug höher als je zuvor vor Freude und Stolz, das Herz eines solchen Mannes mein Eigen zu nennen, und dadurch wurde mein Wunsch stärker, meine Macht auszuüben. Und ich wusste genau, wie ich die Oberhand über meine Liebhaber gewinnen konnte. Mein Hans hatte nie Nein zu mir gesagt , als ich ihn mit gewissen List angefleht hatte. Und obwohl ich meine Tricks keineswegs vergessen hatte, packte ich Götz am Saum seiner Kapuze und zog seinen lieben Kopf zu meinem Gesicht hinunter. Dann rieb ich meine Nase an seiner, wie es Hasen tun, wenn sie aneinander schnüffeln, hob meine Lippen zum Kuss, stellte mich auf die Zehenspitzen, bot ihm aus der Ferne meine Lippen an und flüsterte ihm ganz süß und flehend zu:

„Und trotz allem sollst du jetzt mein guter, lieber Herzensschatz sein und wirst Margerys Geboten gehorchen, wenn sie dich so liebevoll anfleht, und dir einen süßen Kuss für deine Schmerzen geben."

Aber ich hatte vergeblich damit gerechnet. Der Lohn, für den mir mein Hans bescheiden diente, wollte dieser kühne Krieger nicht gewinnen. Seine bärtigen Lippen waren freilich bereit genug, meine zu treffen, und er gab sich auch nicht mit nur einem Kuss zufrieden; aber sobald er den letzten genossen hatte, nahm er meine beiden Hände fest in seine und sagte feierlich, aber süß:

„Liebst du mich nicht, Margery?" Und als ich das hastig erklärt hatte, fuhr er im gleichen Ton fort und hielt immer noch meine Handschellen fest: „Dann musst du ein für alle Mal wissen, dass ich dir nichts verweigern könnte, weder in großen noch in kleinen Angelegenheiten, es sei denn, es wäre so." Aber als ich einmal sagte", und er sprach laut , „kann mich nichts im Geringsten bewegen. Du kennst mich von Kindesbeinen an und hast dich aus freien Stücken diesem eisernen Gehirn hingegeben." . Jetzt küss mich noch einmal und ertrage mir keine Bosheit! Bis morgen. Draußen im Wald, bitte Gott, wir werden noch viele lange Tage zusammengehören!"

Damit schloss er mich fest und fest in seine Arme, und ich erwiderte bereitwillig und leidenschaftlich seinen Kuss, und wenn ich jemals ein Wort finden würde, um zu antworten, hatte er das Zimmer verlassen. Ich eilte zum Fenster, und als er mit der Hand wedelte und angesichts des Schneesturms die Straße entlang ritt, drückte ich meine Hand auf meine Brust, und selten war ein Mensch so überströmt von purer Freude darüber, im Kampf zweimal besiegt worden zu sein , obwohl ich es mir aufgezwungen hatte.

Wie ich nach Hause zurückkehrte, weiß ich nicht; aber ich weiß, dass ich selten bei meinen Gebeten mit solch inniger Dankbarkeit niedergekniet war, und dass es mir vorkam , als ob meine Mutter im Himmel und mein toter Hans sich ebenfalls über das freuen müssten, was mir widerfahren war.

Während ich im Bett lag oder schlief, kam mir alles Schönste in meinem vergangenen Leben so klar vor Augen, als wäre es lebendige Wahrheit, und vor allem sah ich mich selbst als kleines Rotkäppchen unter dem Wald - Bäume mit Götz , der mir tausend Dienste erwies und mich allen anderen vorzog, bis er um Gertrudes willen über die Meere hinausging und meine kindliche Seele in Aufruhr versetzte.

Dann kamen die Freude und der Schmerz, die ich aufgrund der Liebe von Herdegen und Ann empfunden hatte, und dann kreuzte mein Hans meinen Weg, und wie froh war ich, mich an ihn und die Glückseligkeit zu erinnern, die er mir gebracht hatte! Aber wenn ich jemals in der bittersten Stunde meiner jungen Tage angekommen wäre, überwältigte mich der Schlaf, und die männliche Gestalt von Götz , gestählt durch viele Gefahren und Kämpfe um sein Leben, erschien in meinen Träumen zu mir; und er reichte mir nicht die Hand, wie Hans es getan hätte; Ach nein! Er ergriff mich in seinen Armen und trug mich, wie der heilige Christophorus das heilige Kind trägt, und schritt mit festem Schritt über Ebenen und Abgründe, wohin auch immer er wollte; und ich ließ ihn gehen, wie er wollte, leistete keinen Widerstand und empfand kaum Angst, obwohl mir der starke Griff seines eisernen Arms weh zu tun schien . Und so zogen wir immer weiter, durch uralte Bergwälder, während die Äste mein Gesicht peitschten und ich in die Nester der Adler und Waldtauben, der Stare und Eichhörnchen blicken konnte. Es war eine wundersame Wanderung; Hin und wieder schnappte ich nach Luft, aber wir gingen weiter, bis auf dem obersten Ast einer Eiche, siehe da, Lorenz Abenberger war und die bösen Worte, die er sprach, mich aufwachen ließen.

Danach konnte ich nicht mehr schlafen und folgte Götz in Gedanken durch den Schneesturm. Und im Geiste sah ich , wie Waldtrud , die schöne Tochter des Oberförsters Grubner , ihn willkommen hieß und ihm nach seinem kalten Ritt heißen Gewürzwein reichte und mit ihren rosigen Lippen an dem Becher nippte. Daraufhin durchzuckte mich ein Stich im Herzen, und ich dachte tatsächlich, was für eine beliebte Magd die Tochter des Försters war, die nicht mehr als ein Jahr älter war als ich und mit vollem Recht als die Schönste im ganzen Wald galt. Und die böse, teuflische Eifersucht, die mich früher so wenig beherrscht hatte, dass ich es ertragen konnte, zu sehen, wie mein Hans den schönsten Jungfrauen den freundlichsten Hof machte, flüsterte mir jetzt wilde Vermutungen ins Ohr, dass Götz mit seiner kühnen Kriegerart es vielleicht könnte Es reicht aus, die schöne und fröhliche Waldtrud um ein paar leichte Liebesbeweise zu bitten .

Doch plötzlich erinnerte ich mich an die ehrlichen Augen der Geliebten meines neuen Herzens, und das brachte mir Frieden; und wie entsetzt war ich bei dem Gedanken, dass ich den Stachel dieser Schlange gekannt hatte, die die Menschen Eifersucht nennen. Muss es sich jemals dort einschleichen, wo die wahre Liebe ein Nest gefunden hat? Und wenn es tatsächlich so wäre – und ein heißer Glanz durchzuckte mich –, dann war die Liebe, die mich an Hans Haller gebunden hatte, eine armselige Sache gewesen und nicht die wirklich wahre Leidenschaft.

Nein, nein! Obwohl es ein anderes Aussehen angenommen hatte als diese brandneue Flamme, die ich jetzt aus dem früh angezündeten und lange schwelenden Feuer brennen und lodern spürte , war es dennoch vom Besten und treu und wahrhaftig gewesen. Obwohl ich als Verlobter von Hans Haller von Eifersucht verschont geblieben war, verdankte ich das nur dem großen und unerschütterlichen Vertrauen, das ich ihm gerne entgegenbrachte. Und Götz , der so viel Kummer und Mühe erduldet hatte, um seiner anderen

Geliebten treu zu bleiben, war meines Glaubens nicht weniger würdig, und es musste meine Aufgabe sein, mit aller Kraft, die in mir war, gegen den bösen Geist zu kämpfen.

Dann bin ich wieder eingeschlafen; Und als ich, als der Tag anbrach, erneut aufwachte und mich an alles erinnerte, was mir gestern widerfahren war, musste ich meine Schultern und Schläfen umklammern, sonst war ich jemals sicher, dass meine Augen tatsächlich an einem anderen Tag offen waren. Und was für ein Tag! Mein Herz floss über, als ich sah, wohin ich schauen konnte, keine Gefahren, keine, nichts, wahrlich nichts, was nicht wohlgeordnet und zu einem guten Ende gebracht worden wäre, nichts, was nicht eine Gewissheit war, und solch eine gesegnete Gewissheit!

Ich erhob mich so frisch und dankbar wie die Lerche, meine Cousine Maud stand, noch nicht angezogen und mit Papierknäueln im Haar, vor den Bildern meiner Eltern und warf mit ihrer kleinen Lampe Licht auf ihre Gesichter; und es war klar, dass sie ihnen, wenn auch ohne Worte, erzählte, dass ihre Lebensarbeit und Fürsorge zu einem glücklichen Ergebnis gekommen sei, und ich fühlte mich unwiderstehlich bewegt, zu ihrem tapferen und treuen Herzen zu fliehen; und obwohl wir, während wir uns in den Armen hielten, keine Worte fanden, wussten wir beide ganz genau, was der andere meinte.

Danach machten wir uns in aller Eile bereit zum Aufbruch, und der Magister kam zu uns in die Halle, so wie mein Cousin ihn gerufen hatte. Er erschien in dem bunten Morgengabardine, der ihm ein so seltsames Aussehen verlieh, und auf meinen Gruß „Gott sei mit ihm ! " antwortete er fröhlich, dass es seiner Meinung nach verschwendete Mühe sei, nach meiner Gesundheit zu fragen.

Als ihm dann alles erzählt worden war, konnte er sich zunächst nicht zurückhalten, und gute Wünsche flossen von seinen Lippen wie Honig aus der Wabe; und er war in der Tat ein wirklich fröhlicher Anblick, als er in der Freude seines Herzens die Arme vor der Brust verschränkte, wie es ein Holzhauer tun würde, um im Winter seine Hände zu wärmen. Plötzlich wirkte er jedoch sehr feierlich, und als Cousine Maud an Ann dachte, sprach sie freundlich zu ihm und sagte, dass die Dinge in dieser Welt so seien, dass jemand, der in der Sonne stehe, einen Schatten auf andere Leute werfen müsse , senkte der Magister traurig den Kopf und rief: „Ein weises Sprichwort, würdige Herrin Maud; und wer den Schatten wirft, tut dies gewöhnlich gegen seinen Willen, ‚sine ira et studio'. Und aus diesem Sprichwort können wir lernen – erleide mir das." Syllogismus – dass, da alle Dinge, die einem Kummer bereiten, einem anderen Freude bereiten und umgekehrt, es immer einige traurige Gesichter geben muss, solange es nicht an glücklichen mangelt. Was mein eigenes armes Gesicht betrifft, kann ich das tun zähle es in der Tat zu denen im Schatten – ungeachtet dessen" – hier stoppte sein Wortfluss plötzlich. Wie auch immer, oder wir konnten ihn jemals zurückhalten, fuhr er mit lauter und geradezu triumphierender Stimme fort. „Trotzdem bin ich nicht weise und traurig – nein, nicht im geringsten. Ich habe den Hinweis gefunden, und wer könnte ihn tatsächlich nicht sehen: Dein Schatten kann nur deshalb so schwarz auf mich fallen, weil du im vollsten Sonnenschein stehst!" Was mich betrifft, so fällt es mir nicht schwer, die Dunkelheit der Nacht zu ertragen; und mögen Sie, Herrin Margery, für immer und ewig in der Herrlichkeit des Lichts stehen, von nun an bis zum Ende Ihres Lebens."

Während er sprach , erhob er seine Augen und Hände zum Himmel wie im Gebet, und ohne uns „Vale" oder „Valete" zu sagen, wie es seine Gewohnheit war, raffte er sein buntes Gewand zusammen und floh wieder die Treppe hinauf.

Der Sturm war immer noch so heftig wie gestern; Doch obwohl Bayard so tief im Schnee versank, dass ich ihn mit dem Saum meines Rocks wegfegte, schien mir die Fahrt zur Waldhütte so kurz zu sein, als wäre ich geflogen. Cousine Maud fuhr langsam im Schlitten, also ließ ich sie mitkriechen und überholte sie bald.

Götz und ich hatten gestern Abend vereinbart, dass ich zuerst Tante Jacoba sehen und ihn dann in Grubners Hütte treffen sollte, um ihm zu berichten, was für eine Meinung sie zu haben scheint. Ann hatte keine andere Wahl, als zu Hause zu bleiben, da sie der Heimkehr des Kardinals beiwohnen musste.

Niemand im ganzen lieben alten Waldhaus wusste von meinem Kommen, außer dem Torwächter. Mein Onkel war zu früher Stunde losgeritten und noch nicht zurückgekehrt, aber meine Tante fand ich unter der Treppe, seltsamerweise entgegen ihrer Gewohnheit, gekleidet und im Gespräch mit dem Kaplan. Vielleicht hatte ihr Mann ihr dann bereits mitgeteilt, was ihn zu Grubners Wohnung geführt hatte, und wenn ja, hätte er mir eine schwere Aufgabe abgenommen, denn tatsächlich sehnte sich meine ganze Seele nach dieser geliebten Tante, und doch schien es mir nicht leicht zu sein Materie, um sie, die so schwach und doch so eigensinnig war, auf die Freude und den Seelenkampf vorzubereiten, der sie erwartete. Das Brett wurde sozusagen für sie ausgebreitet, und doch hatten sie und Götz sich durch ihren unheilvollen Eid verboten, dieses Brot und diesen Kelch zu probieren.

Zitternd überschritt ich die Schwelle, und sobald sie mich erblickte , schrie sie mit brennenden Wangen, die sicherlich nicht so stark glühten wie die Flammen im Schornstein: „Margery, Margery! Und so glücklich sie aussieht! Du." Hast du deinen Onkel gesehen, mein Kind, und kannst mir sagen, warum er weggegangen ist?"

Ich habe ihr ehrlich gesagt, dass ich es nicht getan habe; und dann soll sie sich mit mir freuen, denn der gesamte Preis für Herdegens Lösegeld wurde bezahlt und, was das Beste von allem ist, wir hatten gute Nachrichten über das Wohlergehen unserer Brüder.

Dann wollte sie unbedingt wissen, wann und durch wen, und erkundigte sich so, als hätte sie einen starken Verdacht; und ich antwortete ihr so ruhig ich konnte, dass gestern Abend ein Pilger aus dem Osten zu uns gekommen sei, ein wahrer treuer und würdiger Herr, den ich tatsächlich hoffte, sie davon in Kenntnis zu setzen.

Mehr möchte ich aber nicht sagen, weil ihre Augen plötzlich hell aufleuchteten und sie vehement unterbrach:

„Kaplan, Kaplan! Was sagen Sie jetzt? Als der alte Mann heute Morgen so früh hinausritt und sich auf so seltsame Weise von mir verabschiedete, da – hören Sie mich, Margery – sprach er ebenfalls zu mir von einem Boten aus dem Osten der gestern in die Stadt geritten ist – genau wie du sagst. Aber er brachte die Nachricht nicht von Herdegen , sondern von ihm – von ihm – von Götz , von dem er sicher wusste. Und als der alte Mann mir so viel erzählte, Sicherlich steckte etwas dahinter. – Und jetzt, Margery – wenn ich dich sehe – wenn ich darüber nachdenke ...“ Als ich hier einen bedeutungsvollen Blick auf den Kaplan warf, schrie sie plötzlich mit einem Schrei auf, der mir Knochen und Mark durchbohrte. und oder wann immer ich sie sah, hatte ihre schwache, schlanke Hand mein Handgelenk umklammert, und sie schrie mit heiserer Stimme:

„Dann hast du dich etwas vor mir versteckt ! Der Blick, mit dem du den Kaplan gewarnt hast, oh! Ich habe es gut markiert . – Und du zögerst – und jetzt – du – Margery – Margery! Bei den Wunden Christi frage ich dich, Margery. Was? Ist es? – Was ist mit Götz ? Hat er ... raus damit – raus mit der Wahrheit ... Hat er geschrieben? – Nein – Du schüttelst den Kopf ... Barmherzige Jungfrau! Er – er – Götz ist auf dem Weg nach Hause ." Und sie schlug die Hände vors Gesicht. Ich fiel neben ihr auf die Knie, zog erst ihre linke und dann ihre rechte Hand von ihren Augen weg, bedeckte sie mit Küssen und flüsterte ihr zu: „Ja, ja, Tante, Mutter, süße, liebe kleine Mutter! Nur.“ Warte – Du wirst alles hören. Götz ist des Wanderns müde; er hatte seinen Vater und seine Mutter nicht vergessen, noch mich, sein kleines Rotkäppchen – ich weiß es, ich bin mir dessen sicher. Geduld! nur ein wenig Geduld und er wird hier sein – in Deutschland, in Franken, in Nürnberg, im Wald, im Haus, in dieser Halle, hier, hier, wo ich knie, zu deinen Füßen, in deinen Armen!“

Dann warf die tief bewegte Dame, die mir atemlos zugehört hatte, ihre Hände hoch in die Luft, als ob sie etwas suchte, und es war, als ob ihre Augen von innen nach außen stülpten; und ich wurde von plötzlichem Entsetzen erfasst, denn ich glaubte, sie hätte den Tod aus dem übervollen Kelch der Freude getrunken, den meine Hand an ihre Lippen gelegt hatte. Allerdings war es nur eine kurze Ohnmacht, die sie überkommen hatte, und sobald sie wieder zu sich gekommen war und ich ihr nach und nach und mit der gebotenen Vorsicht die ganze Wahrheit gesagt hatte, hatten auch Götz und ich einander gefunden und sowohl inbrünstig als auch ernsthaft nach ihrem mütterlichen Segen sehnend, gab sie ihn mir in reicher Fülle.

Nun war es meine Aufgabe, ihr klarzumachen, dass ihr zurückgekehrter Sohn an seinem Eid festhielt; und ich hatte schon damit begonnen, ihr das zu sagen, als sie mit den Händen wedelte und eifrig unterbrach: „Und glaubst du, ich habe jemals geglaubt, dass er, der ein Waldstromer und ein Behaim in einem ist, jemals ein Gelübde brechen sollte? Und von eine Wahrheit, die er mir genug Zeit gegeben hat, darüber nachzudenken ! – Aber heute, an diesem Tag, früh am Morgen, habe ich den richtigen Ausweg aus der Sache gefunden, obwohl er so einem Trick der Frauenkunst gleicht wie einem Ei ist wie ein anderer. – Du kennst diesen rücksichtslosen Eid. Er verlangt von mir, Götz nie wieder nach Hause zu bitten; aber doch" – und jetzt begannen ihre Augen hell vor Freude zu funkeln – „was mein Eid nicht verbietet, ist, dass ich es tun sollte." Gehen Sie los, um Götz zu treffen , und finden Sie ihn, wo immer er auch sein mag.

Daraufhin klatschte der Kaplan in die Hände und rief:

„Und so hat die Liebe des Herzens einer Frau noch einmal eine Grube für Satans List gegraben ."

Und ich rannte hinaus, um ihnen zu sagen, dass sie den Schlitten anspannen würden, obwohl ich genau wusste, dass kein Rat helfen würde.

Und jetzt war sie wie einst, als sie aus Liebe zu Ann in die Stadt gezogen war, in einen Berg warmer Gewänder gehüllt, und so kleideten wir sie heute in einen Haufen solcher Gewänder, und die junge Kubbeling würde niemanden anders ertragen selbst, die Pferde zu lenken. So gingen wir in langsamem Tempo zu Grubners Hütte, und während wir ritten, trafen wir keine Menschenseele außer Cousine Maud, und sie nickte mir nur zu, weil sie nicht ahnen konnte, dass unter den Pelzen ein lebendes menschliches Wesen atmete und Bettdecken an meiner Seite. Der junge Kubbeling auf der Kiste und die Raben, Kater und Rotkehlchen im Wald hörten nicht viele Worte von uns. Während ich mit Angst und Erwartung an den Ausgang dieser Begegnung zwischen Mutter und Sohn dachte, sprach ich kaum mehr als ab und zu ein freundliches Wort der Fröhlichkeit zu meiner Tante, zu der Kubbeling gehörte würde jemals mit leiser Stimme hinzufügen: „Alles wird gut!" oder „Gott segne dich, edelste Dame!" Und jedes Mal, wenn wir so sprachen, spürte ich eine kleine Bewegung auf meinen Knien und drückte dann meine Lippen auf die äußerste Hülle des geliebten Bündels an meiner Seite.

Ungefähr zweihundert Schritt vom Förster entfernt bog der Weg jedoch von der Straße ab, so dass wir von dessen Fenstern aus gesehen werden konnten; und kaum hatte der Schlitten auf diese Kreuzung abgebogen, als die Tür der Hütte geöffnet wurde und mein Onkel und Götz herauskamen.

Der Sohn hatte seinen Arm auf die Schulter seines Vaters gelegt und sie blickten uns an. Und tatsächlich war es ein edler und freudiger Anblick, wie sie da standen, der Alte und der Junge, beide kräftig und kräftig gebaut, beide stark in Wind und Wetter gewachsen, treue und vertrauenswürdige Männer. Die schlanke junge Kiefer hatte zwar die knorrige Eiche etwas überragt, aber die Krone des älteren Baumes war breiter. So wie der junge Mann jetzt war, muss der alte Mann gewesen sein, und was der Sohn eines Tages sein sollte, konnte man – und ich war froh darüber – an der Gestalt und dem Gesicht seines Vaters erkennen. Allerdings gab Götz als Ehemann kein Versprechen ab, in die Fußstapfen seines Vaters zu treten, und als ich daran und an die Lektion dachte, die ich gestern erhalten hatte, wurden meine Wangen noch röter, als sie sich in der scharfen Dezemberluft oder unter dem Wetter bereits gefärbt hatten Blick meines neuen Liebhabers.

Allerdings hatte ich keine Zeit zum Nachdenken; Der Schlitten stand bereits vor der Tür, und ich merkte, dass der alte Mann mich in seinen Armen hielt, meine Lippen und meine Stirn küsste und mich seine liebe und geliebte Tochter nannte. Dann drängte der jüngere Mann nach vorne, um seine Ansprüche geltend zu machen, und als er sich über mich beugte , warf ich meine Arme um seinen Hals, und er hob mich heraus, obwohl ich in meinen Winterpelzen und meiner dicken Kleidung nicht der Leichteste war den Schlitten wie ein Kind, und wieder waren seine Lippen auf meinen. Aber wir lassen vielleicht nicht zu, dass sie sich länger als für einen kurzen Kuss treffen. Onkel Conrad hatte das Gesicht meiner Tante zwischen all ihren Umhüllungen entdeckt und lautstark sein berechtigtes Entsetzen zum Ausdruck gebracht, während meine Tante immer wieder beim Namen ihres längst verlorenen Sohnes rief, mit der ganzen Liebe einer sehnsüchtigen und lang ersehnten Sehnsucht. hat der Mutter das Herz geraubt.

Gerne ließ ich meinen Geliebten frei, und im nächsten Moment lag er auf den Knien im Schnee und nahm mit zitternden Händen ein Tuch nach dem anderen vom Kopf seiner Geliebten ab, während Kubbeling ihm mit seinen großen, von der Kälte violetten Händen vom Fahrersitz half .

Und schon nach wenigen Minuten bedeckte die Mutter den Kopf ihres einzigen Sohnes wieder mit zärtlichen Küssen, so heftig und so lange, dass ihr die Kraft versagte und sie übermüdet in die Kissen zurückfiel.

Hierauf verneigte sich Götz vor ihr, und wie er zuvor seine Liebste aus dem Schlitten gehoben hatte, so hob er nun seine Mutter hoch; Und während er sie so in seinen Armen hielt und ins Haus trug, ohne auf die Tücher zu achten, die nach und nach herunterfielen und in einer langen Reihe den Boden hinter ihr bedeckten, wie es Kohlen tun, die in einem zerbrochenen Eimer getragen werden, weinte sie mit zitternder Stimme: „Oh du böser, einziger Junge, du mein Liebling und Herzensbrecher, du edler, böser, perverser Kerl! Götz, mein Sohn, mein eigener und mein Alles!"

Und als sie in der warmen Stube, im Sessel der Oberförsterfrau, einen Platz am Feuer gefunden hatte, zog ich ihr überflüssiges Gewand aus, und Götz sank zu ihren Füßen nieder, und sie nahm seinen Kopf in ihre Hände und rief:

„Ich habe nicht darauf gewartet, dass du kommst, sondern bin dir entgegengeflogen, mein Junge, weil ich, wie du weißt, einen sündigen Eid geschworen habe, dich niemals aufzufordern, nach Hause zu kommen. Aber Eid und Gelübde sind nichts ; sie sind null." und nichtig! Ich habe aus tiefstem Herzen gelernt, dass der Himmel nichts mit ihnen zu tun hatte – dass es reiner Stolz und Torheit war; und ich lade dich von ganzem Herzen und ganzer Seele nach Hause ein und bitte dich um Vergebung für all das Leid, das wir haben Ich habe euch aufeinander gebracht, und ich werde euch von nun an haben und behüten, und nichts anderes hier auf Erden! Ach, und Gertrude, die arme Magd! Sie wäre mir wie an diesem Tag herzlich und vollkommen willkommen gewesen, wenn es sie nicht gegeben hätte ist eine andere Jungfrau, die mir von allen Jungfrauen auf Erden am meisten am Herzen liegt!"

Dann gab es herzliche Umarmungen und Küsse auf beiden Seiten, und als ich sie weinen sah, legte ich einen unausgesprochenen Schwur ab, dass ich der Letzte sein würde, der sie verursachen würde, wenn die Augen dieser Mutter und ihres Sohnes jemals wieder Tränen vergießen sollten , und das auch Ich wäre immer bereit und zur Hand, sie sorgfältig abzutrocknen.

Es fällt mir auch ein, dass ich dann die schöne Waldtrud , die Tochter des Försters, erblickte, insofern sie mir von ganzem Herzen Freude wünschte; Noch besser erinnere ich mich jedoch daran, dass ich keinen Anflug von Eifersucht verspürte und das Mädchen tatsächlich kaum ansah, weil es viele andere Dinge gab, deren Anblick mir viel größere Freude bereitete.

Es war eine wunderbare und unvergessliche Stunde, wenn auch viel zu kurz; Auf Wunsch meines Onkels waren wir schon lange bereit, nach Hause zu gehen. Als Götz nun seine Mutter aus der heißen Kammer zum Schlitten trug und ich mich nach einigen Tüchern meiner Tante umsehen musste, bemerkte ich, wie er hinter dem großen grünen Kachelofen hockte, den jungen Kübbeling auf einem Haufen und mit seinem Gesicht in seinen Händen verborgen. Er rührte sich nicht, bis ich mit ihm sprach; dann trocknete er seine nassen Augen mit seiner Fellkapuze, und als ich meine Hand auf seine Schulter legte, holte er tief Luft und sagte:

„Es war ein bewegender Morgen, Herrin Margery. Aber es wird alles gut werden. Es hat mich gewiss wie ein harter Schlag getroffen, und ich habe hier im Wald nichts mehr zu suchen, umso mehr aus diesem Grund." Ich habe Kinder und Enkelkinder zu Hause, die zu lange auf die Heimkehr des alten Mannes gewartet haben. Ich werde morgen früh aufbrechen. Um niemandem außer Ihnen die Wahrheit zu sagen, ich kann es nicht ertragen, von meinem alten Ort weg zu sein längerer Raum, als man braucht, um nach Alexandria und zurück zu gehen. Mein altes Herz ist durch die Abwesenheit von zwei Reisen allzu weich und müde geworden. Und noch eine Sache nur für Ihr Ohr: Sie werden die Frau eines edlen , aber klugen Mannes sein Du, er hat schon lange die Freiheit, umherzuwandern, wohin er wollte. Nimm dir zu Herzen, dass du sein Zuhause lieb und glücklich machst, sonst wird es mit dir sein wie mit meiner alten Frau, die diese Sache nie gemeistert hat und die lebt Wir waren mehr Tage im Jahr allein, als wir es uns am Morgen unserer Hochzeit je erträumt hatten.

Daraufhin gingen wir gemeinsam hinaus; und ich nahm mir seinen Rat zu Herzen, und
Götz verließ mich nie für längere Zeit, außer wenn es sein musste.

Was Kubbeling betrifft , so hielt er sein Wort und reiste am nächsten Morgen von uns ab; Dennoch sahen wir ihn nach dieser Zeit oft wieder, und der schönste Falke in unserem Stall ist, dass er uns als Hochzeitsgeschenk geschickt hat; und nach unserer Hochzeit erhielt Ann vom alten Uhlwurm einen schönen bunten Papagei als Geschenk , und der alte Mann hatte ihn so für sie sprechen lassen, dass er ganz deutlich sagen konnte: „ Uhlwurm ist Anns bescheidener Diener."

Wir verbrachten nun zwei Tage in der Waldhütte in Glückseligkeit, als wäre das Paradies auf Erden gekommen; Und obwohl es eine gefährliche Sache ist, sich an der Liebe eines Mannes zu erfreuen, der weit über die Meere gewandert ist, hat sie dennoch diese gute Seite: Viele Dinge, die einem anderen weit weg und unerreichbar erscheinen, hält er für nahe und nah Die halbe Welt gehört ihm sozusagen. Und wie gut konnte Götz mir das Gefühl geben, dass ich seinen Besitz teilte!

Am Morgen des dritten Tages nach seiner Ankunft ritt Mylord Cardinal mit Ann in den Wald; und da ihn die Pflichten seines Amtes nun zu Aufenthalten in Wurzberg und Bamberg führten, konnte er uns versprechen, dass er unsere Verbindung segnen würde, falls er jemals nach Italien abreisen würde. Obwohl ich dachte, es wäre eine glückliche Chance, wenn wir gleichzeitig mit Herdegen und Ann am Altar stehen könnten, stand Götz' Ungeduld, die auch während seiner Reisen nicht geringer geworden war, unserem Warten auf die Ankunft meines Bruders entgegen. Ebenso wünschte er, dass wir als Mann und Frau eine Zeit lang zusammenleben könnten, bevor er nach Venedig ginge, um seine Entlassung aus dem Dienst der Republik zu erlangen.

Gleichzeitig hielt er es für nicht klug, mich auf diese Reise mitzunehmen, doch nach unserer Hochzeit, als er gehen wollte, wagte ich es, ihn anzuflehen ; und er zeigte mir deutlich, dass ich ihn weder erzürnt noch beunruhigt hatte, obwohl er mir bereitwillig und ohne Tadel gestattet hatte, mit ihm zu reisen. So reiste ich mit ihm in die große und mächtige Stadt des Heiligen Markus, die ich schon immer mit meinen leiblichen Augen betrachten wollte. Ich bin nie über das Meer hinausgegangen, dennoch reisten wir bis nach Rom, und dort verbrachte ich unter dem Schutz und der Führung meines Herrn Kardinals viele unvergessliche Tage an der Seite meines Götz .

Aber eins nach dem anderen; Eines Tages , wenn meine vielen Jahre darunter leiden, werde ich mehr über diese Themen schreiben.

Es ist schwer zu beschreiben, wie gut meine Tante und der Kardinal zueinander gesinnt waren, auch wenn sie hin und wieder in freundschaftliche Auseinandersetzungen gerieten. Dem ehrwürdigen Prälaten fiel es schwer, sich von der Loge und von dieser fremden Frau zu trennen, deren klares und geschäftiges Gehirn in ihrem kränklichen Körper später als eines der großen Wunder ihrer Heimatstadt galt. Dennoch war es seine Pflicht, den Weihnachtsabend bei seiner ehrwürdigen Mutter zu verbringen. Er kümmerte sich um Götz und mich, wie er es uns versprochen hatte, und bis zu seinem Lebensende war er uns und unseren Kindern stets ein freundlicher und geehrter Freund und Gönner.

Ann war immer seine Favoritin, und bevor er Nürnberg verließ, schenkte er ihr eine Mitgift, wie sie nur wenige unserer reichsten Adligen mit ihren Töchtern geben konnten.

Der Weihnachtsabend, den wir mit unseren Eltern, dem Kaplan und meinem lieben Patenonkel, Onkel Christian Pfinzing , in der Hütte verbrachten, war ein wirklich herrliches Fest, das unsere Seelen erfreute; Doch sollte es mit der ersten Gefahr enden, die der jungen Freude unserer Liebe widerfuhr. Nachdem die anderen in ihre Gemächer gegangen waren und Götz mir tatsächlich einen letzten Abschiedskuss gegeben hatte, hielt er mich einen Moment zurück und bat mich, mich frühmorgens bereit zu machen, um mit ihm zur Hütte des Imkers Martin, dessen Frau war, zu reiten war seine Krankenschwester gewesen. An manchen Weihnachtsmorgen hatte er die gute Frau mit einem kleinen Sträußchen begrüßt, und nun hatte er seit seiner Heimkehr keine Stunde Zeit für sie gefunden. Diese einfache Bitte hätte ich gern erfüllt, wenn ich nicht heimlich mit der Hilfe des Kaplans die Schulkinder dazu gebracht hätte, ein Weihnachtslied zu lernen, mit dem sie die Eltern und Götz aus ihrem Schlaf wecken konnten. Als er mich also zu einer frühen Stunde aufforderte, mich bereitzuhalten, bat ich ihn, es später zu tun. Dies gefiel ihm jedoch keineswegs; er antwortete, dass die gute Dame früher am Weihnachtsmorgen früh nach ihm gesucht habe und dass er seine Begrüßung bereits zu lange aufgeschoben habe. Doch die Überraschung, die ich geplant hatte, stand in meinem Kopf im Vordergrund und ich sehnte mich pflichtbewusst von ihm, dass er mir meinen Willen gewähren würde. Daraufhin zogen sich seine Augenbrauen, die sich über seiner Nase trafen, dunkel zusammen, und er ließ mich kurz und geradezu barsch wissen, dass er sich an seine eigenen halten würde.

Dabei stieg mir das Blut in den Kopf, und tatsächlich lag mir eine zornige Antwort auf der Zunge, als ich mich an den Abend erinnerte, an dem wir zusammengekommen waren, und ich fragte ihn ruhig, ob er mich wirklich für so dumm oder böse gesinnt halte um ihn an einem frommen und gütigen Amt zu hindern, wenn ich dafür keinen triftigen Grund hätte. Und hier hatte ich den richtigen Weg gefunden; Er erholte sich, seine Stirn war klar und er sagte nur: „Frauen, Frauen!" er schüttelte den Kopf und drückte mich an sich; und als ich seinen Kuss inbrünstig erwiderte und meine Zimmertür öffnete, rief er mir nach: „Wir werden es morgen früh sehen, aber so früh wie möglich."

Als ich nun in meinem Bett lag , dachte ich an das Weihnachtslied, das die Kleinen singen sollten; und dann erinnerte ich mich an meine eigene Schulzeit und daran, wie die Kartäuserinnen uns die Worte der Heiligen Schrift erklärt hatten: „Und die Zeiten werden erfüllt werden." Sie wurden sicherlich zu einem besonderen Thema geschrieben, nämlich zur Geburt unseres Erlösers und Erlösers; Dennoch wandte ich sie auf mich selbst und auf Götz an und fragte mich in meinem Herzen, ob tatsächlich alles, was mir jemals im Leben widerfahren war, sei es aus Freude oder aus Kummer, umsonst gewesen war, und wie die Dinge jetzt wohl bei mir gewesen wären, wenn, als ... Egal ob ich ein junges, ungebrochenes Ding war oder jemals die Schule des Lebens durchlaufen hatte, ich hatte mich diesem Mann verschrieben, den der Allmächtige von Anfang an dazu bestimmt hatte, mein Ehemann zu sein. Wenn das mutwillige Blut der Schoppers , so ungebremst es damals gewesen war, mit Götz' eisernem Willen in Konflikt geraten wäre , hätte es auf beiden Seiten mehr als genug harte Schläge gegeben, und wie leicht hätte unser ganzes Glück dadurch zerstört werden können.

Es war nach Mitternacht, als ich endlich schlief; und in der trüben Morgendämmerung erklang der Weihnachtschor mit den Worten, die die Hirten mit Engelsstimmen hörten, durch das Haus: „Ehre sei Gott in der Höhe und Friede auf Erden." Es weckte Götz , und als wir bald in den Schlitten stiegen, flüsterte er mir zu: „Wie fromm war deine Hymne, mein Schatz! Und du hattest gestern Recht, und wahrlich wird Frieden herrschen auf Erden und vor allem zwischen dir und mir.“ , überall und jederzeit bis zum EN D.“

……………………..

EIN NACHSCHRIFT VON KUNZ SCHOPPER

Die Kinder bitten mich, mehr von Margerys unvollendeter Geschichte zu schreiben. Aber ich bin schon fast achtzig Jahre alt, und wie kann ich hoffen, bei der Ausübung einer Tat, zu der ich nicht in der Lage bin, außer in geschäftlichen Angelegenheiten, Gunst zu erlangen? Doch obwohl ich es nie ertragen könnte, zu irgendeinem vernünftigen Gebet derer, die mir am Herzen liegen, „Nein“ zu sagen, werde ich ihren Wunsch erfüllen, indem ich nur das Notwendige darlege, und zwar in den klarsten Worten.

Sie alle, auf deren Befehl ich hier sitze, kannten meine liebe Schwester gut. Margery, die Witwe des verstorbenen Försters, des Ritters Sir Gotz Waldstromer , Ratsmitglied Seiner Kaiserlichen Majestät und Hauptmann der Soldaten unserer guten Stadt; und jeder profitierte über einen längeren oder kürzeren Zeitraum von ihrer liebevollen Güte und ihrem weisen und treuen Rat.

Viele von ihnen können sich auch an die verstorbene Anna Spiesz erinnern , die frühere Frau von Herdegen Schopper ; und was den besagten Herdegen betrifft Schopper , mein lieber Bruder, Margerys Erinnerungsbuch zeigt wirklich die Art und Weise seines Lebens und Geistes in der Blüte seiner Jugend, und wahrlich, es ist eine traurige Aufgabe für mich, den Verfall und das Ende eines so edlen Mannes darzustellen.

Was mich betrifft, das letzte verbliebene Glied der Schopper- Kette, die Margery oft erwähnt hat, so bin ich immer noch bei euch, meine Lieben; und ich habe mich kaum verändert, da mein Leben stets ruhig und still weiter geflossen ist.

Wie es dazu kam, dass Margery ihre Erinnerungen so plötzlich beendete, wissen die meisten von Ihnen bereits; Allerdings werde ich es für die Jüngeren aufschreiben.

Bis zum Alter von sechzig und sieben Jahren ritt sie nie in einer Sänfte, sondern unternahm ihre Reisen immer zu Pferd. Viele Jahre lang wohnten sie und ihr Mann nur während der Sommermonate im Wald und wohnten den Winter über in ihrem Stadthaus. Eines Tages aber, als sie in ihrer niedergeschriebenen Erzählung bis zu der Zeit gekommen war, als sie und Götz , ihr lieber Mann, geheiratet hatten, bat sie ihn, mit ihr in den Wald zu reiten, weil sie sich noch einmal danach sehnte Sehen Sie sich den Ort in der Wintersaison an, der im längst vergangenen Dezember die glücklichsten Tage ihres Lebens erlebt hatte. So ritten sie zu Pferde weiter, obwohl es schon fast

Weihnachtszeit war, und als sie mir zuwinkten, als sie in lauter Hochstimmung und Fröhlichkeit an mir vorbeigingen, schien es mir in ganz Nürnberg, nein in Franken oder in ganz Deutschland zu sein Im Empire könnte ein Mann kaum ein altes, weißhaariges Liebespaar finden, das hinsichtlich seiner Unbeschwertheit und guten Miene mit diesen mithalten kann. Einige wenige glückliche und frohe Tage wurden ihnen damals in dem alten, bekannten Wald beschert; Doch auf der Heimfahrt stolperte Margerys Zelter dicht neben den Stadttoren auf dem gefrorenen Boden. Ihr Armknochen war schwer gebrochen und ihre rechte Hand blieb trotz der besten Fähigkeiten von Meister Hartmann Knorr so steif, dass sie den Stift nur unter großen Schmerzen mehr benutzen konnte, obwohl sie danach oft zu Pferd ritt. So lag das Büchlein für längere Zeit beiseite; und während sie sich noch eifrig bemühte, mit ihrer linken Hand zu schreiben, entriss ihr der Tod Ann Schopper , die Witwe unseres verstorbenen lieben Bruders Herdegen Schopper und ihr bester Freund ihres Herzens, und dies traf ihre Seele wie ein so grausamer Kummer, dass sie es nicht mehr ertragen konnte, die Feder in die Hand zu nehmen.

Als sie dann wenige Monate nach der Goldenen Hochzeit ihren geliebten Ehemann verlor, war für sie alles zu Ende; Die tapfere alte Frau gab alle Sorgen ums Leben auf und starb nicht mehr als drei Monate nach ihm. Und in der Tat habe ich oft gesehen, dass, wenn einer von zwei Paaren, die so viele Jahre in wahrer Herzensvereinigung zusammen gelebt haben, dieses Leben verlässt, diese Erde für den anderen zu einsam ist, als dass man meinen könnte, ihre Herzen hätten es getan Er ist sozusagen zu einem einzigen Fleisch geworden, und derjenige, der übrig geblieben ist, ist durch den Schlag des Schnitters innerlich verblutet.

Dann las ich dieses Erinnerungsbuch noch einmal durch und mir kam es so vor , als hätte Margery sich selbst als weniger würdig beschrieben als einer Wahrheit, die sie in der Springflut ihres Lebens war.

Die meisten von Ihnen können sich noch daran erinnern, wie mein Herr, der Bürgermeister, von der Braut mit dem goldenen Kranz, der ihr dichtes silbernes Haar krönte, als dem Stolz unserer Stadt, der besten Freundin und manchmal sogar der weisesten Ratgeberin unseres verehrten Rates, der Trösterin, sprach und Zuflucht der Armen; und Sie wissen ganz genau, dass Meister Johannes Lochner, der Priester, über ihrem offenen Grab sprach und sagte, dass sie, wie sie in ihrer Jugend die Schönste gewesen sei, im Alter die Edelste und Hilfsbereitste aller Damen der Pfarrei gewesen sei Heiliger Sebald ; und Sie selbst waren oft ihr Almosengeber oder haben schweigend zugeschaut, um ihr Porträt zu bewundern.

Und in Venedig habe ich aus den Lippen des Meisters, der sie zeichnete und einer der größten Maler der berühmten Gilde war, der er angehörte, gehört, dass er sich wie sie die stattliche Königin eines besiegten alten deutschen Königs vorstellte von den Römern, oder Eva selbst, wenn man sich unser kaltes deutsches Vaterland überhaupt als Paradies vorstellen darf. Ja, die charmanteste und strahlendste Frau, die er je gesehen hatte, war deine Mutter und Großmutter.

Und wann immer sie zu einem Tanz ging, waren sich alle jungen Herren von adliger Herkunft, die Grafen und Ritter, ja sogar am Hofe des Kaisers einig, dass Margery Schopper die schönste und zugleich die fröhlichste Maid war reich ausgestattet mit Geistesgaben, in ganz Nürnberg. Niemand außer Ann konnte neben ihr stehen, und ihre Schönheit war eher italienisch und himmlisch als deutsch und irdisch.

Margerys Manuskript endet dort, wo sie einen glücklichen Zufluchtsort erreicht hatte; Allerdings gab es andere, die sie erwähnt, die nicht so glücklich waren, rechtzeitig vor Anker zu gehen, und wenn ich meine eigene Geschichte erzählen will, muss ich nach Alexandria im Land Ägypten zurückkehren.

Der Dolch, den Ursula angeheuert hatte, um Herdegen zu töten, traf mich; Doch als mein Cousin Götz meinen lieben Bruder, der selbst ein freier Mann war, zu mir brachte, war ich bereits von meiner Wunde geheilt und bereit zur Abreise. Die würdige Mutter von Akusch hatte sich mit einer Hingabe um mich gekümmert, die einer christlichen Frau Ehre gemacht hätte, und unter ihrem Dach sah ich Herdegen und meine Cousine zum ersten Mal wieder. Und wie sehr war ich überrascht, Götz , größer als früher, in der prachtvollen Uniform und dem Geschirr eines Oberhauptmanns der Armee der allmächtigen Republik Venedig vor mir erscheinen zu sehen! Anstelle eines verbannten Abenteurers fand ich in ihm einen tapferen Herrn, in jeder Hinsicht berühmt und geehrt, dessen gebieterisches Auge zeigte, dass er es gewohnt war, gehorcht zu werden, obwohl seine Stimme und sein Auftreten eine mitfühlende und freundliche Seele verrieten. Ja, und es schien mir , als wehte eine frischere, reinere Luft um mich herum, als er kam; und sobald er sich Herdegens Sache zu eigen gemacht hatte und für ihn bürgte, zahlte der Chef des großen Handelshauses von Michieli das Lösegeld, das mir, da ich den Wert des Geldes kannte, nie und nimmer erschienen sein dürfte , es sei denn, ich hätte es geschafft Großonkel war uns gern behilflich gewesen. Allerdings wollte mein Cousin nicht den gleichen Dienst für den Ritter von Welemis leisten , in dessen Miene und Manieren er weniger Vertrauen schenkte, weshalb ich aus purem Mitleid und auf Herdegens Bitte hin sein Bürge wurde.

Hier werden Sie mich fragen, warum ich nicht zuerst von meiner Wiederbegegnung mit meinem lieben, leidgeprüften Bruder spreche. Und tatsächlich schlug mein Herz hoch vor Freude und Dankbarkeit, als wir uns in den Armen hielten; Aber was für Veränderungen hatten ihn in diesen Jahren der Sklaverei erlebt! Als er mit gesenktem Kopf und den Händen auf dem Rücken in mein Zimmer kam, wandte ich mich nach unserer Begrüßung von ihm ab und tat so, als hätte ich etwas zu ordnen, damit er nicht sah, wie ich meine Tränen trocknete; insofern, als der, der vor mir stand, tatsächlich mein Herdegen war und es doch nicht war.

Achtzehn lange Monate lang hatte er an Bord einer sarazenischen Galeere gerudert, während Sir Franz, der für solche Mühen zu schwach war , als Hüter der Sklaven auf den Bänken diente, selbst mit Ketten an den Füßen. Und es war diese lange, harte Arbeit, die meinen Bruder dazu gebracht hatte, seine Hände eifrig hinter dem Rücken zu verstecken, als ob er sich ihrer schämte; während er seine starken Hände mit ihren kostbaren Ringen immer für eine Gnade gehalten hatte, und nun waren sie wahrhaftig rau und rot wie ein Ziegelstein und ähnelten denen eines Steinhauers im Wald. Und während Männer oft weniger auf das Gesicht eines anderen achten als auf die Form und den Zustand seiner Hände, erinnere ich mich immer an Herdegens , als ich sie an diesem Tag sah, und auf der Rückseite waren ein Stern und ein Halbmond blau eingebrannt von seinem Recht, so dass alle Menschen es sehen müssen.

Ebenso hatte seine tiefe Brust etwas von ihrer großen Kraft verloren, und er wirkte weniger stattlich als früher. Es schien mir , als hätte der Ritter einen Teil seiner Krankheit auf ihn abgewälzt, da er oft stark hustete. Ebenso war das lange goldene Haar, das in üppiger Fülle über seine Schultern geflossen war, nach der Art der Ungläubigen abgeschnitten worden, und dies gab seinem wohlgefälligen Gesicht ein schmales und geradezu seltsames Aussehen. Nur die Form seines Gesichts und seiner Augen war noch so, wie sie je gewesen waren; ja, es schien mir , als hätten seine Augen ein helleres und feuchteres Licht als früher.

Nur eines tröstete mich: Mein Herz schlug voller erbärmlicher und treuerer Liebe für ihn als je zuvor. Und als der Abend hereinbrach, als wir Brüder mit Götz und Meister Knorr und Akusch zusammensaßen und unseren Wein tranken, den nur Akusch nicht anrühren wollte, wurde diese tröstende Gewissheit in mir stark, weil Herdegens Stimme so süß war wie früher, beide in Sprache und Gesang; und als er all die Abenteuer und Leiden darlegte, die er in den letzten Jahren durchgemacht hatte, hörte ich gern zu, und Götz auch ; und zuerst trieb er uns die Tränen aus den Augen und brachte uns bald zum Lachen. Und was hatte er nicht durchgemacht?

Ich begab mich in dieser Nacht voller Hoffnung und Zufriedenheit ins Bett; Doch am nächsten Morgen erzählte mir Meister Knorr heimlich, dass die Lungen meines Bruders zwar noch nie die stärksten gewesen seien, es ihm aber jetzt, in der kalten Dezemberzeit, nach einem so langen Aufenthalt unter einem wärmeren Himmel nördlich der Alpen gelingen sollte, sei dies nicht möglich ihm keinen ernsthaften Schaden zufügen, wie es auch Sir Franz tun würde. Daher muss es meine Aufgabe sein, unsere Heimkehr zu verzögern; und obwohl mir die Nachricht des Blutegels das Herz schwer machte, war ich gern bereit, nachzugeben, damit Herdegen nicht in seiner jetzigen Gestalt in der Gegenwart seiner Geliebten erscheinen würde.

Zu diesem Zweck ließen wir ihn glauben, dass er möglicherweise nicht sicher nach Hause zurückkehren würde, wenn er nicht die ihm vom Kaiser auferlegte Buße getan hätte ; und obwohl es für ihn schwierig war, das Verlangen seines Herzens zu unterdrücken, gab er dennoch unseren dringenden Ermahnungen nach.

Während Götz nun nach Venedig zurückkehrte, brachte uns die Galeone, die Don Jaime, Prinz von Katalonien, bis nach Joppa brachte, ebenfalls in das Gelobte Land in die heilige Stadt Jerusalem. Von dort aus machten wir unsere Pilgerfahrt zu vielen anderen heiligen Orten, unter dem Schutz der großartigen Gemeinschaft dieses königlichen Prinzen, der uns immer große Gunst erwiesen hatte.

Schließlich reisten wir heimwärts, vorbei an Neapel und Genua ; In Damietta im Land Ägypten verließ Sir Franz unsere Kompanie, um sich auf den Weg nach Venedig zu machen. Mit Sorge und Trauer sah ich, wie er sich allein auf den Weg machte, und Herdegen war gleichgesinnt; In ihrem Unglück hatte er gelernt, viel Gutes in ihm zu schätzen, und während unserer langen Reise hatte er gesehen, dass er nicht nur körperlich krank war, sondern auch, dass ein Leichentuch über seiner Seele und seinem Gehirn hing. Auch wenn Ursula noch frei wäre, ihren Willen zu verwirklichen, könnte ihm in Venedig das Schlimmste widerfahren, denn die Giustinianis waren ihm mit Sicherheit böse gesinnt und die Macht und Würde dieser Familie wurden keineswegs gemindert , obwohl Antonio Giustiniani zu dieser Zeit seinen Namen in Albanien entehrt hatte und von den Vierzigern mit Gefängnis und verschiedenen Strafen bestraft worden war. Doch sein Cousin Orsato war einer der größten und reichsten Signori in Venedig, und Ursulas Ehemann hätte in ihm einen starken Fürsprecher gefunden, wie wir in Wahrheit in Neapel hörten, wo uns die Nachricht erreichte, dass die Pregadi , die ihr Urteil gefällt hatten Er hatte ihm eine Strafe von höchstens zweitausend Dukaten auferlegt, die Orsato für ihn bezahlt hatte, weil er nicht dulden wollte, dass sein Verwandter im Gefängnis landete.

In Genua fanden wir viele Briefe voller froher Botschaften von unseren Verwandten zu Hause, alle voller Liebe und der Hoffnung, uns bald dort wiederzusehen. Daraufhin konnte Herdegen seine Ungeduld nicht zurückhalten, und wenn ich es erduldet hätte, wäre er Tag und Nacht ohne Pause und Ruhe weitergeritten und hätte frische Pferde mitgenommen, wenn er sie brauchte; Meinerseits war es mir vor allem wichtig, ihn so frisch und gesund nach Hause zu bringen, wie ich konnte, und so Ann vor Kummer in ihrem Herzen zu bewahren. Herdegen hatte mir ihre Briefe zum Lesen gegeben, und was für eine wahre und tiefe Liebe, was für eine erhabene und reine Seele sprach in diesen Zeilen! Doch als ich sie durch diese Briefe sozusagen aufschreien hörte, wie sehr sie sich nach dem Augenblick sehnte, in dem sie wieder seine wallenden Locken streicheln und seine liebe, treue Hand als seine pflichtbewusste Dienerin an ihre Lippen drücken könnte, da schlug mein Herz mit neue Ängste. Er hielt ihn freilich aufrechter, und sein Gesicht war weniger blass und hohl als zuvor; aber nie mehr könnte er ein starker Mann sein. Seine hellen Augen lagen tief in ihren Höhlen, sein Haar war auf dem Kopf spärlicher und zwischen dem Gold waren silberne Fäden. Ah, und diese glücklosen Hände! Es waren seine Hände – auch wenn Sie bei diesem Geständnis zweifellos lächeln werden –, dass ich ihn bewegte, seine Sehnsucht zu unterdrücken, selbst als wir so nahe am Ende unserer Reise waren wie Augsburg, und mir einen weiteren Tag Aufschub zu gewähren, insofern ich Am meisten lag ihm am Herzen, dass er sie zunächst in Handschuhen vor den Frauen zu Hause verstecken sollte. Und in der ganzen großen Stadt gab es kein Paar, das zu ihm passen würde, und es würde einen ganzen Tag dauern, um ihm ein Paar zu machen, das seinen Maßen entspricht. So wollten wir gern verweilen, und während wir in Augsburg neben anderen guten Freunden einen treuen Verbündeten in Handelsangelegenheiten beim venezianischen Fondaco , Meister Sigismund Gossenprot , hatten, logierten wir in seiner Wohnung, die zu den schönsten dieser schönen Stadt zählte; und wie es der Zufall wollte, war er noch am Vorabend dieses Tages aus Venedig nach Hause gekommen.

Er und seine würdige Frau kannten Herdegen schon seit langem, und es schmerzte mich zutiefst, zu sehen, wie sehr ihr Anblick sie beide betrübte. Nein, und die schöne junge Tochter des Hauses warf keinen Blick auf den fremden Gast, dessen Anwesenheit das Herz jedes Mädchens höher schlagen ließ. Aber auch hier fand ich Trost, als ich beim Abendessen feststellte, dass das süße Mädchen nicht mehr auf meine einfache Person achtete, während sie mich zunächst wohlwollend angesehen, aber mit glühenden Wangen Herdegens Rede zugehört hatte. Zunächst war das freilich alles andere als fröhlich, denn Meister Gossenprot war voll von Nachrichten aus Venedig und von Sir Franz' letztem Ende, was in der Tat ausreichte, um die Fröhlichsten traurig zu machen.

Als der Böhme nach Venedig gekommen war, hatte er in einer Taverne namens „The Mirror" übernachtet, und dort hatte mein Wirt gedacht, er sei nur ein düsterer und stiller Gast. Und eines Tages herrschte in der Stadt ein schrecklicher Aufruhr, während Gerüchten zufolge am Nachmittag, zu der Stunde, zu der Dame Ursula Giustiniani in ihrer Gondel auszufahren pflegte, ein fremder, schwarz gekleideter Mann hineingesprungen sei von seinem eigenen und bevor die Diener ihn in die Hände bekommen konnten, hatte er ihr viele Male mit seinem Dolch ins Herz gestochen. Dann, als sie ihn ergreifen wollten, hatte er die Mordwaffe, die noch vom Blut seines Opfers benetzt war, auf sich selbst gerichtet und war so der rächenden Hand der Gerechtigkeit entgangen.

Sobald der Gastgeber des Spiegels diese Geschichte hörte, erinnerte er sich an diesen seltsamen, dunklen Mann, und als dieser Wanderer nicht nach Hause in sein Gasthaus kam, erstattete er den Richtern Bericht. Als man dann in seiner Brieftasche nachforschte, stellte sich heraus, dass er dort unter einem falschen Namen eingereist war und dass es Sir Franz von Welemisl war, der so schreckliche Rache an Ursula für ihre Sünden gegen ihn und Herdegen genommen hatte .

Von Augsburg aus kamen wir nun gut voran, und als an einem schönen Junimorgen unsere stolze alte Zitadelle aus der Ferne unsere Augen begrüßte und ich sah, dass Herdegens Augen feucht waren, als er darauf blickte, füllten sich meine Augen ebenfalls mit Tränen, und als wir Als wir ritten, schüttelten wir inbrünstig die Hände, aber schweigend.

Ich schickte einen Boten von unserem letzten Rastplatz, um die Nachricht von unserem Kommen zu überbringen. Und als wir in der Nähe von Schweinau eine Staubwolke erblickten, trafen sich unsere Blicke und erzählten mehr als viele und beredte Worte.

Große, reine und dankbare Freude erfüllte und trug meine Seele; Doch plötzlich wurde die Staubwolke durch eine Biegung der Straße hinter den Bäumen verdeckt , und dennoch, sagte mein ängstliches Herz, verbarg das Leichentuch der Zukunft, was uns als Nächstes widerfahren könnte.

Die grausamen Schicksalsschläge, die Herdegen erlitten hatten , waren nicht alle umsonst gewesen, und die zunehmende Schwäche seines Körpers warnte ihn davor, seine Kraft und seinen Eifer für immer neue Dinge zu verschwenden. Was mich jedoch beunruhigte, war, dass er sich der Veränderungen, die ihn innerlich und äußerlich überkamen, nicht bewusst war. Aus all seinen Gesprächen mit mir erkannte ich, dass er sich selbst jetzt vielleicht nicht vorstellen konnte, dass das Leben anders sein könnte als so, wie er es sich gewünscht hatte; dennoch erfüllte es mich insgeheim mit Freude, diesen lieben Kerl zu sehen, für den das Leben weder Sommerhitze noch Hitze hätte haben sollen Winterfröste, aber nur blühende Frühlings- und glückliche Herbsttage.

Aber jetzt hatten wir den Wald umrundet und könnten sehen, was die Staubwolke verborgen hatte. Vor ihnen kam ein mit Waren beladener Wagenzug , der nach Süden fuhr, und der erste Wagen war auf eine aufgetürmte Ladung Holzkohle gestoßen, die an einer Stelle auf der Straße aus dem Wald kam, wo sie auf der einen Seite zwischen einem tiefen Graben eingeklemmt waren dichtes Reisig und Unterholz auf der anderen Seite; Daher konnte keiner von ihnen zur Seite wenden, und ihre Räder blockierten so schnell, dass sie die Straße versperrten, als wäre sie eine Mauer gewesen. So war auch der zweite Wagen durch das plötzliche Anhalten des ersten in Mitleidenschaft gezogen worden und konnte nur mit Mühe vor dem Umkippen in den Graben gerettet werden. Es kam zu wildem Aufruhr. Die Waggons stoppten den Weg, und weder der Rest des Zuges noch ihre bewaffneten Vorreiter noch unsere eigenen Leute konnten vorbeikommen, weil der Graben tief und das Unterholz dicht war. Auch wir mussten die Zügel anziehen und zusehen, wie die sechs schönen Wagenpferde , die gerade erst aus dem Stall gekommen waren und deren braunes Fell wie Spiegel glänzte, ausgespannt wurden, und ebenso wurden die Zugochsen aus dem Holzkohlenwagen geholt ; Dies geschah mit viel Lärm und Fluchen, und die Messingplatten, die das Ledergeschirr der großen Pferde schmückten, klirrten so laut und deutlich, dass wir die Schreie unserer Verwandten vielleicht nicht hörten. Nein, es war der Federbusch in Götz' Hut, der die Menge überragte und der uns zeigte, dass sie gekommen waren.

Während Herdegen nun vergeblich sein unwilliges Pferd drängte und anspornte, in den Graben zu springen und diese Festung aus Wagen zu umgehen , waren zwei der anderen – und ich sah sofort, dass es Ann und ihr Vater zu Pferd waren – auf den Weg in der Nähe des Kohlenwagens ; Sie konnten jedoch nicht weiterkommen, weil es halb umgefallen war und den Weg mit schwarzen Kohlensäcken übersät hatte.

Mein Herz schlug, als würde es brechen, und siehe da, als ich mich umsah, um Herdegen darauf hinzuweisen , hatte er seine letzte Kraft aufgewendet, um sein Pferd zum Sprung zu bewegen, und konnte sich kaum im Sattel halten; seine Seelenangst und der törichte Kampf mit dem eigensinnigen Pferd hatten die Kraft seines kränklichen Körpers erschöpft. Sein Gesicht war blass und sein Atem ging schwer, als er am Rande des Grabens saß und seine große Hand an seine Brust hielt, als hätte er Schmerzen. Daraufhin verspürte ich ebenfalls einen tiefen Stich unaussprechlicher Qual, obwohl ich aus Erfahrung wusste, dass es für solche Krankheiten kein Heilmittel außer vollkommener Ruhe gab. Ich wandte den Blick von ihm ab und erblickte, etwas näher, Ann hoch oben auf ihrem Sattel, die eifrig ihr Kopftuch schwenkte, und an ihrer Seite ihren Vater, der den Hut seines Ratsherrn hob .

In wenigen Augenblicken waren wir wieder vereint. Aber nein….

Als ich die vorangegangenen Worte mit zitternder Hand niederschrieb, gelobte ich, dass ich nichts als die Wahrheit und die ganze Wahrheit niederschreiben würde . Und insofern ich nicht davor zurückgeschreckt bin, bestimmte Dinge zu erwähnen, die viele für Herdegen als gering ehrenvoll erachten werden, der durch die Gunst des Himmels in jeder Hinsicht viel höher begnadet war als ich, der ich nie anders als mittelmäßig gewesen bin Da ich begabt bin, würde es mir schlecht stehen, davor zurückschrecken, Dinge zu erzählen, die ich selbst bereut habe.

Dort, am Graben, lag mein lieber einziger Bruder, müde und blass, ein Mann, der für ein frühes Grab bestimmt war; und vor mir, nur wenige Schritte entfernt, die Frau, der ich schon als Kind die einzige und innige Liebe meines Herzens geschenkt hatte. Sie saß wie eine Königstochter auf einem edlen weißen Pferd mit reichem Schmuck. Ein prächtiges Gewand aus feinem Stoff, reich bestickt mit flämischem Samt, umgab ihren schlanken Körper. Seine Farbe war weiß und saphirblau, ebenso die Samtmütze und die fein gerundete Straußenfeder, die mit einer Brosche aus funkelnden Edelsteinen daran befestigt war. Ich hatte sie immer in strahlendem Weiß für die Schönste gehalten, und sie wusste es, während Herdegen Blau als Farbe gewählt hatte; Und siehe, sie trug beides, aus Liebe zu beiden Brüdern. Noch nie hatte ich sie schöner gesehen als in diesem Moment, und auch sie war von üppiger Schönheit geworden, und wie süß waren ihre roten Wangen, ihre schwanenweiße Haut und ihr ebenholzschwarzes Haar, das in langen Längen unter ihrem kleinen Hut hervorquoll Zöpfe mit weißem und saphirblauem Samtband geflochten.

Noch nie schien ein Dienstmädchen einem Mann begehrenswerter zu sein. Und ihr Vater auf seinem großen braunen Pferd – er war kein Handwerker mehr! In seinem pelzbesetzten Ratsgewand , mit der goldenen Kette um seinen Hals, seinem wohlgefälligen, ernsten und männlichen Gesichtsausdruck und dem langen, wallenden Haar, das ihm bis zu den Schultern reichte, schien es mir, als wäre er das Oberhaupt eines alten und edlen Mannes Familie. Niemand in Nürnberg konnte sich mit diesen beiden an männlicher Würde und weiblicher Schönheit messen, und war dieser kränkliche, gebeugte Reiter am Straßengraben ihrer würdig? „Nein, nein", schrie eine Stimme in meinem Herzen. "Ja ja !" schrie ein anderer; und mitten in diesem Kampf konnte ich mir nur sagen: „Er hat ein altes und gutes Recht auf sie, und sobald er Atem gefunden hat, wird er es beanspruchen."

Aber sie? Was wird sie tun; Wie wird sie sie erniedrigen? Ist sie sich seiner Anwesenheit bewusst? Wird sie vor ihm zurückschrecken, wie es Dame Gossenprot in Augsburg und die kluge Frau des Gastwirts in Ingolstadt taten, die einst so übereifrig darauf bedacht war, ihm zu Diensten zu stehen? Würde Ann, die so manchen herrschaftlichen Verehrer abgelehnt hatte, diesem atemlosen Geschöpf gegenüber so lieb sein wie früher? Und wenn sie dem Beispiel folgen würde, das er ihr längst gegeben hat, wenn sie jetzt das Band zerschnitt, das er einst entrissen hatte, oder wenn – barmherzige Jungfrau! –

wenn seine Krankheit schlimmer werden würde und er selbst davor zurückschrecken würde, sie zu fesseln blühendes junges Leben zu seinem eigenen – dann, oh, dann bin ich vielleicht an der Reihe, dann ....

Und plötzlich ertönte aus der Tiefe meines Herzens ein Schrei, den niemand hörte: „Schau auf diese Seite. Schau auf mich, mein einziger Geliebter! Wende dich von dem, der sich einst von dir abgewandt hat, und höre auf Kunz, der." liebt dich mit einer treueren und innigeren Liebe als dieser Mann, der bis zum heutigen Tag nicht weiß, was dein wahrer Wert ist, dessen Herz so wankelmütig ist wie meines ehrlich und wahrhaftig ist. Hier stehe ich, ein starker und standhafter Mann, der Freund von Jeder gute Mann, der bereit und in der Lage ist, dich in meinen starken Händen durch ein Leben voller Reichtum und Glück zu tragen!"

Und während die Stimme des Bösen dies und noch viel mehr flüsterte, schien mein Blick auf ihr Gesicht gerichtet zu sein, und das Licht ihrer Augen schien aus der Ferne tief in meins. Und plötzlich warf ich meine Arme hoch und streckte sie, ohne zu wissen, was ich tat, wie außer mir, nach dem heißgeliebten Mädchen. Ob sie das gesehen hat oder nicht, werde ich vielleicht nie erfahren. Und die Gnade der Heiligen Jungfrau oder meines Schutzheiligen bewahrte mich vor Bösem und Schande, denn während sich alles in mir nach diesem Geliebten sehnte, rief eine klare Stimme meinen Namen, und als ich mich umdrehte, siehe, es war so Margery, die mit ihrem leichten Zeltdach in den Graben gesprungen war und nun das grasbewachsene Ufer hinaufgesprungen war. Es war ein halsbrecherisches Stück Reitkunst, zu dem sie von Sehnsucht und schwesterlicher Liebe getrieben worden war; Und hinter ihr kam ein Mann, mein Cousin Götz , dessen gewagter Schritt seiner frischverheirateten Frau tatsächlich nach seinem eigenen Herzen ging. Noch ein Sprung, und ihre Pferde waren auf der Landstraße, und ich hatte Margery aus ihrem Sattel gehoben, und wir hielten uns aneinander geschlungen und stammelten dumme, unzusammenhängende Worte, während wir zuerst lachten und dann weinten.

Dies ging eine Weile so weiter, bis ich durch einen Aufschrei erschreckt wurde, und siehe da, Eppelein hatte in seiner Ungeduld, seinen lieben Herrn zu begrüßen, gern getan, was Margery und Götz getan hatten, aber mit weniger Glück, da er war unter sein Pferd gefallen, das mit ihm umgekippt war. Sein beklagenswerter Schrei sagte mir, dass er Hilfe brauchte, und wieder einmal in meinem Leben erfüllte ich mein seltsames Schicksal, das immer darin bestand, das, wonach meine Seele sich am meisten sehnte, in den Wind zu werfen, damit ein anderer es aufnahm. Während Margery sich umdrehte, um Herdegen zu begrüßen , eilte ich das Ufer hinunter, um den treuen Kerl zu retten, der im Dienste meines Bruders so viel erduldet hatte, bevor ihm das Schlimmste widerfuhr.

Und das gelang mir ohne geringe Mühe; und als mir klar wurde, dass er keine tödlichen Verletzungen erlitten hatte, kletterte ich wieder auf die Straße, und dann begann mein Herz erneut traurig zu schlagen. Ann und Herdegen hatten sich wieder getroffen, und zwar ein für alle Mal. Wie konnte sie sich zurückhalten, als sie das veränderte Gesicht ihres Geliebten sah, und Herrin über ihr Entsetzen und ihre Bestürzung sein?

Als ich nun mit einigen Mühen in meinen schweren Reitstiefeln das Ufer erklommen hatte, sah ich, dass die Fuhrleute die sechs braunen Pferde noch einmal an ihren Wagen gespannt hatten und hinter ihnen am Waldrand standen das Paar, das ich gesucht habe; und als ich näher zu ihnen kam, hatte Ann den Handschuh, für den wir so lange in Augsburg gezögert hatten, von der ramponierten rechten Hand ihres Geliebten gezogen und starrte ihn liebevoll an, ohne Anzeichen von Entsetzen, aber mit Tränen in den Augen ; und sie weinte, während sie sie immer wieder küsste: „Oh, diese arme, liebe, geliebte Hand, wie grausam hat sie gelitten, wie hart muss sie gelitten haben! Und das? Da war das blaue Markenzeichen angebracht? Aber Es ist fast verschwunden. Und es ist in meiner Farbe, Blau, unserem Lieblingssaphirblau!" Und sie zeigte freudig auf ihre schöne Kleidung und gestand, dass es nur für ihn war, damit er aus der Ferne sehen konnte, wie sehr sie ihn liebte und ehrte, dass sie sich in der Farbe der Treue gekleidet hatte, in der er jemals am meisten geliebt hatte um sie zu sehen. Und er drückte sie an sich, und als sie sein dünnes, strähniges Haar küsste und von diesen lieben, wallenden Locken sprach, denen Liebe und Fürsorge ihre Schönheit zurückgeben würden, schwor ich vor Gott ein feierliches Gelübde, dass ich die Verbindung niemals anschauen würde von Herdegen und Ann, aber mit Dankbarkeit und ohne Neid, und tue immer alles, was in mir ruht, für diese beiden und für ihr Wohlergehen.

Über das frohe Treffen mit unseren anderen Verwandten möchte ich nichts sagen . Cousine Maud war zu Hause geblieben, um ihren Liebling am Tor des Schopperhofs zu begrüßen , das sie tapfer geschmückt hatte. Ja, ihr warmes Herz schlug lieber für ihn als für uns. Sie konnte ihre Bestürzung darüber, ihn so verändert zu sehen, nicht ganz verbergen . Von Zeit zu Zeit streichelte sie ihn mit liebevoller Hand, doch sie ging um ihn herum, als gäbe es etwas in ihm, vor dem sie Angst hätte.

Doch am Abend erging es ihr wie mir im Land Ägypten, und sie fand den wieder, nach dem sich ihr Herz so treu sehnte. Nun kam das, was gefehlt hatte, wieder zum Vorschein, und von dieser Stunde an trauerte sie nicht mehr um das, was er verloren hatte und was einer echten Mutter vielleicht nie entgangen wäre; Als seine körperliche Gesundheit nachließ und sie die Pflege für ihn mit Ann teilte, konnte sich niemand vorstellen, dass er nicht tatsächlich ihr eigener Sohn war.

Das böse Monster, das sich in die Brust meines Bruders eingeschlichen hatte, wuchs, Gott sei Dank, aber langsam; und als das junge Paar bei einem wirklich großartigen Festmahl geheiratet hatte und mein Bruder Ann als seine liebe Frau nach Hause in das Haus der Schoppers mitgenommen hatte , erwachte in mir eine freudige Hoffnung, die Meister Knorr allzu düster beurteilt hatte die Sache, und dass Herdegen wieder zu neuer Kraft und seiner alten, herzlichen Gesundheit erblühen möge. Allerdings war es nur die Freude seines Herzens, die ihm ein so mutiges und frohes Aussehen verlieh; Die Krankheit musste ihren Lauf nehmen, und sie war wie eine Schlange, die lautlos an meiner Lebensfreude nagte, und ihr Biss war umso grausamer , weil ich niemandem sagen konnte, was mich verletzte, außer den alten Waldstromers . Aber auch sie wurden nach der Heimkehr ihres Sohnes wieder jung, und trotz ihres schwachen Körpers sah Tante Jacoba , wie Margerys ältester Sohn sechs Jahre alt wurde. Und sie schickte ihm am ersten Tag, als er zur Schule ging, sein Päckchen Süßigkeiten; aber als der kleine Junge seiner Großmutter danken wollte, war die alte Dame zur Ruhe gegangen; und ihr Mann lebte nur noch ein paar Monate nach ihr.

Nur ein einziger Kummer hatte die letzten Tage dieses ehrwürdigen Paares verdunkelt, in Wahrheit war es ein schwerer; Es war der Tod meines lieben Bruders Herdegen , der sich am Ende des fünften Jahres nach seiner glücklichen Ehe ereignete.

Am Ende des vierten Jahres überkam ihn die Krankheit noch heftiger, doch er ging hin und her und hoffte immer auf Heilung, selbst als er vier Wochen vor dem Ende zu Bett ging.

Am allerletzten Tag, an einem schönen Abend im Mai, sagte er zu Ann: „Höre, mein Schatz, mir geht es bestimmt besser! Übermorgen werden wir in den süßen Frühling hinausgehen, um Dame zu hören.“ Nachtigall, die bereits singt, und Margery zu sehen. Oh, draußen im Wald weht eine Brise, um die Kranken zu heilen!“

Doch sie gingen nicht; zwei Stunden später hatte er dieses Leben verlassen. Durch ein Unglück war ich gerade in einer geschäftlichen Angelegenheit in Venedig, und als ich die Nachricht erhielt, dass mein einziger geliebter Bruder tot war, kam es mir vor, als wäre mir die Hälfte meines Wesens weggerissen worden, ja, und zwar die edlere und bessere Hälfte ; jener Teil , der sich nicht damit zufrieden gab, um nichts anderes als den irdischen Besitz zu trauern und sich zu kümmern, und um alles, was hienieden heraufkommt und vergeht , der aber einen Platz in der Glückseligkeit einer anderen Welt einnimmt, wo wir nicht nur nach dem Nutzen und dem Wozu fragen Beende dies oder jenes, wie ich es in meiner engstirnigen Seele jemals getan habe.

Als Herdegens Augen im Tod schlossen, brachen mir gleichsam die Flügel; mit ihm verlor ich das höchste Ziel und Ziel all meiner Mühen. Fünf harte

Jahre lang hatte ich gearbeitet und gekämpft und oft die Nacht zum Tag gemacht, und zwar nicht für mich selbst, sondern für ihn und die Seinen, stets getragen und vorangetrieben durch den Anblick seiner hohen Seele und seines großen Glücks. Unser Großonkel Im Hoff hatte mir sein Haus und die Führung seines Gewerbes hinterlassen, wie Sie bereits aus Margerys kleinem Buch erfahren haben; und während meiner langen Reisen waren viele Dinge nicht zu meiner Zufriedenheit erledigt worden, und der kranke alte Mann hatte zu viel Geld aus dem Geschäft abgezogen. Aus dem Nachlass unserer Eltern kam uns eine stattliche Summe zugute, und mein Bruder, meine Schwester und meine Cousine Maud waren gern bereit, mir ihren Nachlass anzuvertrauen; aber wie viel musste ich dafür tun!

Darüber hinaus traf mich von außen eine große Sorge, weil die Verwandten und Erben von Sir Franz sich weigerten, die Gelder für das Lösegeld zurückzuzahlen, das Meister Michieli von Venedig festgelegt hatte und für das Herdegen und ich Bürgen gewesen waren. Obwohl wir uns in dieser Angelegenheit an das Gesetz gewandt hatten, konnten wir nicht zulassen, dass Michieli aufgrund seiner Großzügigkeit Schaden nahm, und so nahm ich die gesamte Schuld auf mich, und das war damals und in meinem Fall eine schwierige Angelegenheit; und die fünfzehntausend Dukaten, die mir dreißig Jahre später per Gerichtsurteil zurückgezahlt wurden, stellten für mich eine kleine Wiedergutmachung dar, da ich zu diesem Zeitpunkt längst mit viel größeren Summen gerechnet hatte.

Ich habe die Zahlung meines Freundes für Herdegens Lösegeld bis auf den letzten Heller beglichen; Doch was mich, solange mein Bruder lebte, am meisten bedrängte, war seine Hauswirtschaft; Nur wenige in Nürnberg hätten mehr ausgeben können.

Mein ältester Bruder war der Einzige von uns dreien, der sich an unseren Vater erinnern konnte, dessen Handel mit Venedig und Flandern große Gewinne eingebracht hatte, und er konnte sich immer noch daran erinnern, wie voll das Haus und die Ställe jemals mit Gästen gewesen waren Pferde. Deshalb wollte er nun gern auf die gleiche Weise leben, und dies hielt er für richtig und angemessen, da er die Gelder, die ich ihm gab, als die Hälfte der klaren Gewinne aus dem Im -Hoff-Handel annahm, die ihm von Rechts wegen zukamen. Und es war mir ein Anliegen, ihn diesen Glauben genießen zu lassen, auch wenn die Bedenken damals nur schlecht aussahen. Es war ich, nicht er, dessen Aufgabe es war, sich um diese Sorgen zu kümmern; und ich freute mich von ganzem Herzen, als er und seine schöne junge Frau so tapfer auszogen, als er als Gastgeber am Kopfende eines reich mit Gästen gedeckten Tisches saß und alle Herzen durch seinen erhabenen und feurigen Geist eroberte, der siegte selbst die am wenigsten wohlgesonnenen. Doch war es nicht einfach, für das Notwendige zu sorgen oder von Reden oder Vorwürfen Abstand zu nehmen, wenn zum Beispiel mein Bruder aus dem

Land Ägypten für Ann ein anderes edles Pferd haben musste, wie es die Emire dort zu reiten pflegten? Oder könnte ich von ihm die Zahlung verlangen, als Herdegen , nachdem der Himmel ihn mit einem erstgeborenen Kind gesegnet hatte , mir voller Stolz und Freude eine Wiege ganz aus Elfenbein zeigte, die mit kostbaren Schnitzarbeiten überzogen war, die er für ihn anfertigen ließ? Liebling, vom geschicktesten Meister weit und breit, für eine Summe, für die damals ein kleines Haus gekauft worden wäre? Obwohl es schon fast ein Vierteltag war, hätte ich dies und noch viel mehr auf mich genommen, als die große Freude seines Herzens zu löschen; Und als ich sah, wie du, Margery die Jüngere, die du jetzt selbst Großmutter bist, wie eine Königstochter in dieser kostbaren Wiege schliefst, und erkannte, mit welcher großen Freude es deine Eltern erfüllte, ihr Juwel in einem so kostbaren Bett zu haben, da freute ich mich darüber meine eigene Geduld.

Es tat mir im Herzen gut, obwohl ich nichts sagte, zu hören, wie das Haus der Schoppers als das freundlichste in ganz Nürnberg gepriesen wurde; doch zu anderen Zeiten schien es mir, als sähe ich Scham und Armut vor der Tür stehen; Und obwohl diese großartigen Jahre, die mit Sicherheit die schwersten in meinem ganzen Leben waren, tatsächlich zu keinem schlimmen Ergebnis führten, verdanke ich dies neben der Gnade des Himmels dem Vertrauen, das viele Leute in Nürnberg in meine Ehrlichkeit und mein Urteilsvermögen setzten , weit über meine Wüste hinaus. Und als ich mich einmal, nicht lange vor dem allzu frühen Tod meines Bruders, bis zur Stirn im Wasser befand, war es der treueste aller treuen Freunde, Onkel Christian Pfinzing , der die Sorge in meinen Augen und meinem Gesicht las während des allerletzten großen Banketts an Herdegens Tisch und führte mich in die Erkerbucht und bot mir seine ganze Habe an; Und das ist in der Tat eine stattliche Summe, die mein Gewerbe vor dem Schiffbruch bewahrt hat.

Neben ihm ist es Cousine Maud, die uns drei Gliedern der Schopper- Kette immer am liebsten in Erinnerung bleiben sollte; und es war ein seltsamer Zufall, dass er und sie nicht nur am selben Tag, sondern sozusagen am selben Tod starben. Der Tod überfiel ihn am Schoppers -Tisch mit der Tasse in der Hand, nachdem Ann, seine „Wächterin“, ihn gewarnt hatte, gemäßigt zu sein; und das war drei Jahre nach dem Tod ihres Mannes. Und als Cousine Maud aus der Küche kam, wohin sie gegangen war, um ihren berühmten Gewürzwein für Onkel Christian aufzuwärmen, der bereits gegangen war, fiel sie tot in Margerys Arme, als sie die Nachricht von seinem plötzlichen Ende hörte.

Zu den verschiedenen Dingen, die sowohl Margery als auch Ann lange im Kopf herumschwirrten und an ihre Enkelkinder weitergegeben wurden, gehörten die lateinischen Verse des Magisters zu ihrem Lob. Es ist erst ein paar Jahre her, dass Meister Peter Piehringer in hohem Alter dieses Leben verließ, und als Götz‘ Jungen ihre Schulzeit so schnell und so gut absolvierten, verdankten sie es seiner Fürsorge und seinem Lernen. Aber hauptsächlich widmete er sich Anns Töchtern Margery und Agnes, und in der Tat ist es immer so, dass unser Herz mit einer ähnlichen Liebe wie für unsere eigenen Söhne oder Töchter zu den Nachkommen der Frau geht , die wir geliebt haben, selbst wenn sie es geliebt hat war nie unser eigenes.

Eppelein Gockel , der treue Diener meines Bruders, war mit Tante Jacobas ermüdender Frau verheiratet. Nach dem Tod seines Herrn machte ich ihn zum Wirt in der Taverne „Zum Blauen Himmel“, und während seine Frau eine aktive Seele war und seine Geschichten über die seltsamen Abenteuer, die er unter den gottlosen Heiden erlebt hatte, viel Tradition in seine kleine Taverne brachten Im Salon entwickelte er sich zu einem Mann von großer Statur und Präsenz.

Im siebten Jahr nach unserer Heimkehr waren meine härtesten Sorgen um die Belange meines Gewerbes vorbei, obwohl ich trotzdem meine Augen offen halten und meinem Körper und meinem Geist keine Ruhe gönnen musste. Die Hälfte meines Lebens verbrachte ich auf Reisen, und da ich erkannte, dass ich die vielen Ansprüche, die mich je bedrängten, nur durch die Erschließung anderer Handelszweige erfüllen konnte, machte ich mich daran, über die Sache nachzudenken; und da ich im Hause Akusch gesehen hatte , wie gerne die Frauen Ägyptens Haselnüsse aus unserem Land kauften, begann ich, in großem Umfang mit dieser bescheidenen Ware zu handeln; und heute schicke ich jedes Jahr solche Waren im Wert von mehr als zehntausend Pailletten per Schiff in die Levante. Ebenso machte ich die Pelze Norddeutschlands und das Spielzeug Nürnbergs zu einem Teil meines Handels, der sich zu Lebzeiten meines Onkels nur auf Gewürze und Webwaren beschränkt hatte. Und so wuchs mein Gewinn nach und nach auf eine ansehnliche Summe, und durch Gottes Gunst genoss unser Haus mehr Ansehen als jemals zuvor.

Und es ist mir eine Freude, dass zu dieser Zeit wieder ein Im Hoff an meiner Spitze steht, so dass der alte Name weitergegeben wird; Anns älteste Tochter, Margery Schopper , hat einen gewissen Berthold Im Hoff geheiratet , der jetzt mein würdiger Partner ist.

Die Söhne der älteren Margery, die jungen Waldstromers , hatten viel vom hastigen Schopper- Temperament und eine Stimme zum Singen; und alle drei haben es gut gemacht, jeder auf seine Weise. Herdegen ist jetzt der hereditäre Ranger und wird nicht weniger geehrt als Kunz Waldstromer , mein geliebter Patensohn, der ein Mann des Gesetzes im Dienste unserer guten Stadt ist. Franz, der sich schon in jungen Jahren unter dem Schutz meines Herrn Kardinal Bernhardi der Kirche widmete , wurde bereits zum nächsten

Amtsinhaber nach unserem jetzigen alten und geschwächten Bischof ernannt.

Der Sohn von Agnes, Herdegens jüngerer Tochter, ist Martin Behaim , ein temperamentvoller Jugendlicher, in dem das feurige und unruhige Temperament seines Großvaters wieder lebt, wenn auch etwas gedämpft.

Und wenn Sie mich jetzt fragen, wie es kommt, dass ich, obwohl mein Herz warm genug für unsere gute Stadt und ihr Wohlergehen und ihre Ehre schlägt, an den Pflichten ihres verehrungswürdigen Rates nur einen flüchtigen Anteil genommen habe, so ist dies meine Antwort: Insofern Für die Vermehrung des Reichtums der Familie Schopper zu sorgen , erforderte meine ganze Kraft, mir fehlte die Zeit, dem Gemeinwesen so zu dienen, wie es mein Herz begehrt hätte; und als mein lieber Neffe Berthold Im Hoff kam, um die Führung des Gewerbes mit mir zu teilen, war ich bereit, mich hinter meinen jungen Partner, Anns Schwiegersohn, zurückzuziehen und seinen Platz im Geschäft einzunehmen, während er und Kunz Waldstromer wurden mit hoher Würde in den Rat gewählt. Dennoch ist bekannt, dass ich der Stadt ein größeres Maß an Zeit, Arbeit und Geld gewidmet habe als so mancher Bürgermeister und Wachhauptmann der Stadt. Ich erwähne dies bis zum Schluss, dass diejenigen, die nach mir kommen, mich nicht der bösen Selbstsucht bezichtigen werden.

Ebenso mögen mich einige fragen, warum ich, der letzte männliche Nachkomme der alten Schopper- Rasse, unverheiratet durchs Leben gegangen bin. Doch mit Sicherheit ersparen sie mir die Antwort, wem ich bei der Begegnung von Herdegen mit Ann ehrlich alle meine Herzensschmerzen gestanden habe .

Nach dem Tod ihres geliebten Herrn überkam die junge Witwe eine brütende Melancholie, aus der sie nichts mehr erwecken konnte. Damals habt ihr, meine Margery und Agnes, ihre Töchter, an mir gehangen wie an eurem eigenen Vater; und als deine Mutter nach drei Jahren von dieser Melancholie geheilt war, hattest du gelernt, mich Vater zu nennen, während ich an der Stelle „deinser" Mutter mit dir gespielt und dich geliebt und es dir beigebracht hatte Falte deine kleinen Hände zum Gebet und führe dich an deiner Seite zum Luftholen. Deine Mutter hatte es nicht beachtet; aber dann, als sie in neuer und wunderbarer Schönheit erblühte und ich sah, dass Hans Koler und der Ritter Sir Henning von Beust , der ebenfalls unverheiratet geblieben war, wieder ihre Verehrer waren, erwachte die alte Liebe in meinem Herzen; Und an einem schönen Maiabend draußen im Wald kam mir die Frage auf die Lippen, ob sie mir nicht das Recht gewähren könne, euch tatsächlich meine Kinder vor aller Welt zu nennen, und sie ...

Aber zu welchem Zweck sollte man die Wunde berühren, die bis heute kaum geheilt ist?

In dieser und der nächsten Welt würde sie niemals einem anderen Mann gehören als dem, dem die große und einzige Liebe ihres Herzens geschenkt worden war. Aber von diesem Abend an muss ich, der abgelehnte Bewerber, ertragen, dass ihr Kinder mich nicht mehr Vater, sondern Onkel Kunz nennt; und als es später dazu kam, lieber kleiner Onkel, könnt ihr glauben, dass ich dankbar war. Sie lehnte nicht minder die Klage von Koler und von Beust ab ; aber der letztgenannte Herr machte seine Entlassung dadurch wett, dass er ein edles Fräulein aus Brandenburg heiratete. Später, als er nach Nürnberg kam , wurde er von Margery willkommen geheißen, und als er sich dann noch einmal mit Ann traf, zeigte er, dass er trotz ihrer grauen Haare immer noch so jugendlich und pflichtbewusst in seinen Diensten für sie war, dass für Er war sich sicher, dass es seinem Glück zu Hause guttat, dass er ohne seine Frau gekommen wäre.

Nicht lange nach Anns Ablehnung gestand ich Margery, was geschehen war, und als sie es hörte, warf sie ihre Arme um meinen Hals und rief: „Warum, nie zufrieden, musst du dich nach einem neuen Zuhause und einer neuen Familie sehnen? Sind dir nicht zwei warm." Deiner Herde, an denen du sitzen kannst, und die Liebe und Fürsorge zweier treuer Hausfrauen; und bist du nicht der Vater und Ratgeber nicht nur deiner Neffen und Nichten, sondern auch deren Eltern?" All dies sagte sie in einem Überfluss schwesterlicher Liebe; und wenn es mich tröstete, wie ich es hier berichte, aus der Tatsache, dass ich solche guten Worte so dringend brauchte, wenn ich mich hier daran erinnere, wie traurig mir das Leben oft vorkam.

Nein, nein! Es war süß, himmlisch süß und aller Dankbarkeit würdig, dass ich, der bisher bescheidenste der drei Schopper- Links, vom Schicksal zugelassen wurde, den anderen beiden und sogar ihren Kindern und Enkeln von Nutzen zu sein und um zu ihrem Wohlbefinden beizutragen. Darin habe ich – in gewissem Maße darf ich mit Stolz sagen – eine gute Geschwindigkeit gehabt; Daher war meine Lebensarbeit nicht umsonst, und ich kann mein Los als glücklich bezeichnen. Und so habe ich auch die Wahrheit des alten Adam Heydens bewiesen , der sagte, dass derjenige, der am meisten für andere Menschen tut, gleichzeitig auch das Beste für sich selbst tut.

DAS ENDE.

LESEZEICHEN DES ETEXT-HERAUSGEBERS:

Schleich dich immer dort ein, wo die wahre Liebe ein Nest gefunden hat – (Eifersucht)
Einer, der in der Sonne stand, muss einen Schatten auf andere Leute werfen. Wir alle warten

Printed at Repro India Ltd.